東京最後の異界　鶯谷

本橋信宏

JN210940

宝島SUGOI文庫

宝島社

鶯《うぐいす》や　垣をへだてて　君と我

正岡子規

プロローグ

鶯谷《うぐいすだに》は幻の街である。

少なくとも行政的な地名としての鶯谷は、地上に存在しない。存在するのはＪＲ山手線《やまのてせん》の駅名としてであり、一部の店名と道路標識にその名を留《とど》めるだけだ。

人々が思い抱く鶯谷とは、鶯谷駅北口から南口にかけて広がる根岸《ねぎし》一丁目から五丁目辺りを指すが、古くからこの地に暮らす年配の人たちにとっては、あくまでも根岸であり、鶯谷は俗称になる。

地名の由来は、元禄《げんろく》年間、寛永寺《かんえいじ》の住職として京都からやってきた皇族の公弁法親《こうべんほっしん》王《のう》が、江戸の鶯は訛《なま》っている、と京都からわざわざ鶯を運ばせてこの土地に鶯を放したことから、鶯の名所となったとされる。一種の都市伝説だろう。

江戸っ子弁は訛っている、というのも京都人のプライドが垣間見えて面白いが、そもそもその前までは関西が首府であり、関東平野は地方にすぎなかったのだ。

二十一世紀の今、地元の古老から聞いたところ、この辺は田んぼが広がっていて鶯がたくさんいたんだよ、と解説してくれた。

明治期までは、風情ある鶯の鳴き声で満たされる田んぼと渓谷の土地柄だった。

鶯谷駅は、都心を縦長状の円として循環する山手線の一駅として存在する。乗降客数は一日約二万四千人。山手線の駅のなかでも、もっとも少ない。もっとも多い新宿駅の乗降客数七十四万人と比べると、鶯谷駅の慎《つつ》ましやかさが際立つ。山手線を時計の文字盤に見立てると、鶯谷駅は時計の文字盤2に位置する。1は西日暮里、3は東京。都心の北部・台東区にある鶯谷駅は、ほとんど忘れ去られた駅でもあった。

ところがここ最近、鶯谷はカオス状態にある。

吉原はソープ街、歌舞伎町にはヘルス店といった華《はな》やかな店舗が立ち並ぶのに、鶯谷には、華やかな店舗型風俗店はない。あるのは駅前に林立するラブホテル街である。鶯谷が、過激な風俗の代名詞になっているのはなぜか。

答えを解く光景は、駅北口広場にある。

広い幹線道路、言問《こととい》通りから少し入ると山手線・京浜東北線の鉄路によって行き止まりになり、駅北口広場がある。北口周辺の狭い袋小路に所在なげに立つ中年男たちは、恋人を待っているのか、愛人を待っているのか、腕時計を見たり、新聞を広げたり、ぼんやりと通行人を見やったりしながら、誰かを待っている。

佇《たたず》む彼らに焦りは見られず、むしろ余裕すら感じられるのだ。

なぜなら待ち望む相手は必ずやってくるからだ。彼らが待つ女たちは、派遣型風俗店、デリバリーヘルス、いわゆるデリヘルの女たちである。

胸の谷間もあらわな三十代女性。人妻風の清楚《せいそ》な四十代。百キロ超えの女性。マイクロミニがよく似合う二十代。韓国訛りであいさつを交わすＫ－ＰＯＰ歌手のような二十代。

彼女たちは、巨乳専門デリヘル、人妻デリヘル、マザコン向け熟女デリヘル、ＳＭデリヘル、韓国女性デリヘル、といった客の細かいニーズに応える、個性豊かな各種デリヘル店の女たちだ。

新風営法によって、どぎついネオンの風俗店は出店を厳しく制限され、営業時間も深夜零時までとなり、新宿・池袋・渋谷のかつての店舗型ヘルス店は激減した。

その一方で、当局に届け出さえすれば、存在だけは黙認される派遣型風俗店（デリヘル）が急増した。

派手な風俗店に勤めに行くのではなく、ごく普通のマンションの一室が待機場であるデリヘルは、女性たちにとっても働きやすく、店にとっても高額の店舗家賃を支払う必要もなく、二十四時間営業できるとあって爆発的に増えた。

過当競争が激しくなった上に、リーマンショック、長引くデフレによって客が減少したこともあって、各店舗は女性の質を高め、サービスも過激になっていく。

ここ鶯谷は、大塚・巣鴨とならび人妻・熟女系デリヘルのメッカであるが、鶯谷は何回戦でもできる上に、ゴム製避妊具を着《つ》けないナマ本番が売りとなり、今や〝鶯谷発〟の名が付けば、都内一過激なサービスの代名詞となっている。

さらにここ数年の韓デリ（韓国女性デリヘル）ブームである。

三ヵ月間ならビザ無しで韓国から来日できることになり、学生、ＯＬが三ヵ月間だけ日本のデリヘルで稼ぐ流れが生まれた。韓デリで働く女の子たちはＫ－ＰＯＰアイドルたちのように若く、愛らしく、しかも過激サービスとあって、今や鶯谷発の韓デリは風俗業界の黒船になった。

そして駅南口。

ロータリーには、タクシーで吉原ソープに繰り出す男たちが今日も並び、ソープ店から客を迎えに車もやってくる。

鶯谷駅南口は、吉原ソープの玄関口のような位置づけである。

妖しいラブホテル街と併存するように、文化が生き残る。

正岡子規終焉《しゅうえん》の地となった子規庵《あん》。

子規と交流を深めた不世出の書道家・中村不折《ふせつ》のおこした書道博物館。

子規と漱石の愛した豆腐懐石の老舗《しにせ》。

文人墨客《ぶんじんぼっかく》が集《つど》った街。

ねぎし三平堂。

藝大、国立博物館と隣接する文化の地。

家康の懐刀《ふところがたな》として君臨した天海僧正《てんかいそうじょう》が企《くわだ》てた、鬼門封じとしての上野寛永寺。

その墓地を境にする、生と死の混じり合う街。

この地で生涯を閉じた早すぎた天才落語家、初代林家三平の貴重な資料を展示するねぎし三平堂。

俗界と聖界を区分けする日暮里崖線《がいせん》。

混沌の炎を静かに燃やす見えない花街、幻の快楽地に潜入し、その歴史と男女の肉声を採録してみた。

文庫化にあたって、鶯谷の古き住人である二代林家三平と御母堂、海老名香葉子の御両名が鶯谷について語り尽くしてくれたのは望外の喜びであった。

下町の人情、土地に染み込んだ記憶がこの文庫に新たに収録されている。

さらに新たな風俗業界の動きも文庫化にあたって記述した。

本書の単行本化から一年二ヵ月。

再び都内最後の異界に迷い込む。

本橋信宏

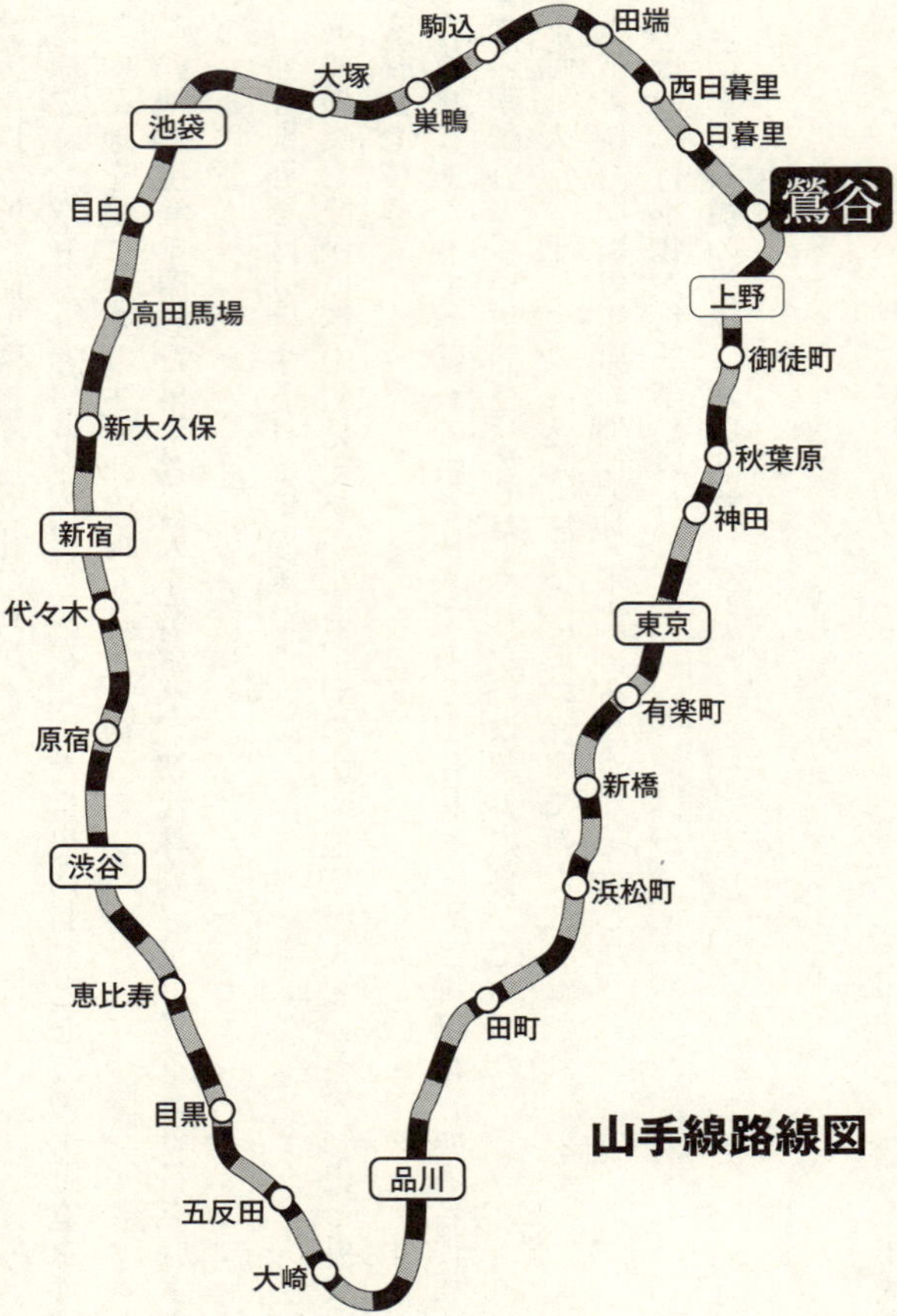
田端
駒込
大塚
巣鴨
西日暮里
日暮里
池袋
鶯谷
目白
上野
高田馬場
御徒町
新大久保
秋葉原
神田
新宿
東京
代々木
有楽町
原宿
新橋
渋谷
浜松町
恵比寿
田町
目黒
品川
五反田
大崎

山手線路線図

東京最後の異界　鶯谷　目次

装丁　妹尾善史(landfish)
本文デザイン　竹内文洋(landfish)
DTP　WhiteRoom
編集　杉山茂勲
本文写真　本橋信宏、東良美季、杉山茂勲

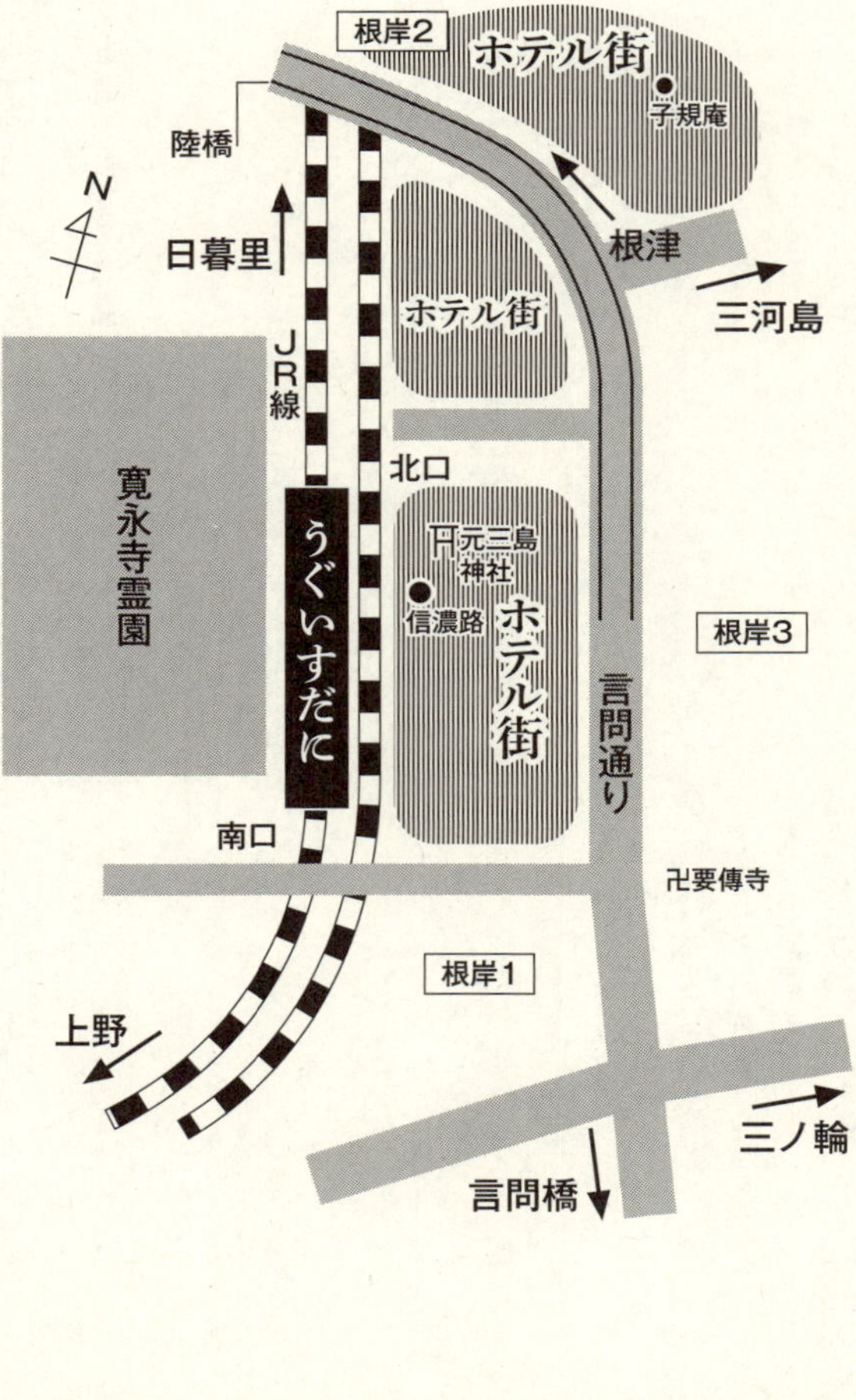
根岸2
ホテル街
子規庵
陸橋
N
日暮里
根津
三河島
ホテル街
JR線
寛永寺霊園
北口
うぐいすだに
元三島神社
信濃路
ホテル街
根岸3
言問通り
南口
要傳寺
根岸1
上野
三ノ輪
言問橋

第一章　陰と陽の街を歩く

エロスとタナトスの街

鶯谷駅ホームに立つと、二つの異界が眺望できる。

山手線の外側――池袋方向から山手線外回り、時計方向に進行し下車して左手に広がるのは、乱立するラブホテル群である。

対してホームの反対側は、上野寛永寺の霊園が広がる。

鶯谷駅は陰と陽、生と死が併存している。ラブホテルでは二十四時間、男女が性交に励《はげ》む、フロイトが唱えたエロス（生）の異界であり、対する霊園側はタナトス（死）の異界だ。

夜でもネオンがきらめくラブホテル街と、漆黒の闇に閉ざされる霊園側。ホームに立つだけで、これだけ異なる世界が同時に見渡せるのも、ここ鶯谷だけだろう。

生殖に励んだ人間が人生を終え、土に還《かえ》る。駅のホームから人生の始点と終点が目撃できる。

人間の性欲が行動と心理に大きな影響を及ぼすことを、精神分析の始祖・フロイトは説いた。

人間に備わるエロス（生）の情動は、快楽をもとにしたエネルギーであり、生殖と種の保存に繋がる。フロイトは人間に備わるものはエロスだけではなく、タナトス

（死）の情動も人間に備わるものとした。

人間は快楽だけではなく苦痛のエネルギーも追い求め、死の恐怖を感じつつ、無に帰《き》すことへの漠然とした憧憬《どうけい》を抱く。ＳＭは快楽と同時に苦痛を追い求める行為であり、エロスとタナトスの併存である。

ＳＭだけではなく、男女の性行為において、女性が絶頂時に思わず口にする「死ぬ」という言葉も、快楽と死が隣り合わせにあるからだろう。

人間には不思議なことだが、危険な予感を抱きながら、するするとそこに導かれてしまう性質がある。

ふと思い出すのは、ケネディ元大統領の長男、ケネディJr.の悲劇だ。

駐日アメリカ大使として赴任したキャロライン・ケネディの弟であり、法律家、雑誌編集長として活躍し、ケネディ家という出自とルックスの良さも相まって、政界進出の噂があったケネディJr.だったが、親族の結婚式参列のために自家用飛行機で嵐の中を飛び立ち遭難。四日後、妻とその姉と本人の三人が海底から遺体で発見された。

プロの操縦士も飛ぶのを避けたという悪天候を無謀にも飛行するという、死に魅入られたかのような最期だった。

幼い頃のトラウマを忘れるために、スリルを求めて過激な行動に出る心理的作用が人間にはあるとされるが、ケネディJr.もまた、父の暗殺という非業の死が暗雲として覆っていたのだろうか。

そこにはやはり、タナトスという死の情動が作動していたのではないか。

フロイトの汎《はん》性欲論は性欲の影響力を過大視し過ぎるとして、批判が根強い。だが私はフロイト流夢分析を否定する気にはなれない。

まだ異性を知らぬ頃、夢のなかでしばしば美味《おい》しい食事をする夢を見た。まだ味わったことのない御馳走を口の中に入れようとする直前、必ずそこで目覚めてしまった。夢のなかで一度も御馳走を食べたことはなかった。

ところが、異性との性体験を済ませてから同じように夢のなかで御馳走をほおばる夢を見るのだったが、以前とは違って味覚まで十分味わえる夢に変わった。

フロイト流夢分析によれば、食事イコール性行為、ということなのだろう。夢は欲望や思考が変形して現出する、というのは少なくとも私の場合は本当だった。

フロイトはまだ生きている。

エロスとタナトスが両岸に開ける駅ホーム。

駅前にそびえ立つラブホテル群。

デリヘルの女たちと出会う男たち。

ホテル街に佇む街娼、呼び込みの男。

この街だけ時間が止まり、昭和の街が闇の中から浮かび上がる。

鶯谷駅北口付近

鶯谷駅南口ロータリー

乱歩作『陰獣』と「御行の松」

昭和三年、月刊誌『新青年』に発表された江戸川乱歩の中編『陰獣』は、乱歩の作品群のなかでも傑作の誉《ほま》れ高い。

『陰獣』の主人公・探偵小説家の寒川《さむがわ》は、上野の帝室博物館で古い仏像を見ているとき、実業家・小山田六郎《おやまだろくろう》氏の美しい妻、静子と知り合う。いつしか二人は不倫関係に陥り、静子は寒川に探偵小説家・大江春泥《しゅんでい》から脅迫されていると打ち明ける。静子の元恋人である大江春泥が静子をつけ狙い、命を奪おうとしていると告白するのだ。寒川は静子を守ろうと決意する。

ところがこの静子がそう単純な人妻ではなかった。静子は亭主の趣味もあって被虐趣味の虜《とりこ》となり、寒川は静子によって加虐性愛にのめり込む。二人が密会の場として借りた一軒家は鶯谷、台東区根岸だった。

〈わたしは根岸御行《おぎょう》の松のほとりに、一軒の古めかしい土蔵つきの家を借り受け、留守は近所の駄菓子屋のおばあさんに頼んでおいて、静子としめし合わせては、多くは昼日なか、そこへ落ち合ったのである。〉『陰獣』より二人は猟犬のように舌を出して、肩で息をしながら追いかけたりもつれたり、息が切れるまで走り回る。またあるときは、土蔵の中に閉じこもって一時間でも二時間でもすすり泣く。さらには静子の持ってきた鞭《むち》で、白い素肌を打擲《ちょうちゃく》する。

昭和三年といえば不況のまっただ中、「エログロナンセンス」が流行語になり、乱歩作品が大ヒットした時代である。世相と乱歩のエログロ風味が見事に合致し、乱歩は時代の寵児《ちょうじ》となった。

「御行の松」のほとりに密会場所を設けたのも、この地が昔から水と緑に恵まれた風光明媚な土地であり、素封家《そほうか》の妾宅《しょうたく》が多くあったことも影響しているのだろう。

静子の命を狙う大江春泥には厭人癖《えんじん》があり、担当編集者ともほとんど顔を合わせず、都内を転々としていた。

池袋、牛込喜久井町《うしごめきくい》、根岸、谷中初音町《やなかはつね》、日暮里金杉、神田末広町、上野桜木町、本所柳島町、向島須崎町。

大江春泥が転々とした居住地が犯罪トリックの一つになる。

池袋と牛込喜久井町を除くと、他の居住地が根岸周辺に集中している。大江春泥の作品が売れ出したのも根岸に居を移してからだから、根岸（鶯谷）周辺は春泥にとってもまた、寒川と静子にとっても欲望を具現化させた地であった。

寒川と静子が密会地に選んだ鶯谷の名所「御行の松」は、今も台東区根岸四丁目、西蔵院《さいぞういん》に現存する。

江戸時代から根岸の大松として親しまれ、初代の松は大正十五年に天然記念物の指定を受けた。当時高さ十三・六三メートル、幹の周囲四・〇九メートル、樹齢三百五十年と推定された。

枝は大きな傘を広げたようで、遠くからもその姿が確認できたという。しかし、天災や環境悪化のため昭和三年夏に枯死。同五年に伐採した。(『台東区文化ガイドブック』より)

乱歩の『陰獣』は昭和三年夏に書かれた。この年の夏、初代「御行の松」の立ち枯れと『陰獣』執筆の時期が重なる。

当時、新聞かラジオで立ち枯れが報道されたのだろうか。浅草趣味のあった乱歩は当然、浅草から近い「御行の松」の存在を知っていただろう。

立ち枯れ報道であらためてこの地に着目し、新作『陰獣』を書くにあたって、鶯谷エリアを登場人物たちの密会場所に選んだのではないか。

静子は外国製乗馬鞭《むち》を持ってきて寒川に握らせると、いきなり着物を脱いでベッドに倒れ、「さア、ぶって! ぶって!」と叫びながら上半身をくねらせる。

乱歩は「このような男女の情事を描写するために、この記録を書き始めたのではなかった」と寒川に成り代わって書き記しながら、これでもかと情事の描写を書いている。乱歩特有のサービス精神であろう。

自作にことのほか厳しい乱歩は、代表作の『黄金仮面』『蜘蛛男』であっても、評価していない。代表作の一つとなった『陰獣』にしても、またいつもの古い体質の作品、という見方をしている。

私は以前、乱歩のご長男・元立教大学名誉教授・平井隆太郎氏に直接問うたところ、『押絵と旅する男』とともに『陰獣』を自信作だと身内には言っていたと聞いた記憶がある。

『陰獣』は『新青年』に三回にわたって連載され、久々の乱歩登場ということもあって、発表されると熱い注目を集め、最終話の載った『新青年』は、月刊誌としては稀《まれ》な増刷をおこなう一つの事件的人気を集めた。

大江春泥という乱歩自身をモデルにした内容は、作品外トリックを用いたものとして着目されたのだが、『陰獣』が大ヒットしたのは、トリックが斬新だったというよりも、むしろ寒川と静子の不倫密会の濃厚なＳＭシーンが読者の心を捉えたからではないか。

それに加えて、エログロナンセンス時代の画家として一世を風靡した竹中英太郎（あの不世出の無頼派文筆家・竹中労の実父）の描く彩霧のように、幻想的な挿絵が大いに威力を発揮した。

〈わたしは今でも、それを考えると、青空が夕立雲でいっぱいになって、耳の底でドロンドロンと太鼓の音みたいなものが鳴りだす。そんなふうに目の前が暗くなり、この世が変なものに思われてくるのだ。〉『陰獣』より

『陰獣』の前半に書かれた「ドロンドロンと太鼓の音が鳴りだす」ような曇り空が、鶯谷を散策するとき、いつも私の頭上を覆ってくるのだ。

鶯谷は、乱歩の世界を構築した地であることは間違いない。曇り空というのは、人間を感傷的に変える。懐古的といってもいい。

私が訪れたときも、ドロンドロンと太鼓の音が鳴りだすかのような曇り空だった。

鶯谷には曇り空がよく似合う。

若大将と鶯谷

「治安はいいですよ。ラブホテルがたくさんあって、デリヘルが多いけど、トラブルも少ないし。駅の近くで客引きがあって苦情が出るくらいですよ」

鶯谷駅前交番の二十代とおぼしき制服警官と婦人警官に「この街の治安はどうですか」と尋ねたら、人の良さそうな笑顔を浮かべて青年警察官が答えた。

『陰獣』では探偵小説家・大江春泥の魔界として登場した鶯谷であったが、あれから八十五年が経過した鶯谷は、その魔界ぶりとは異なり、現実は平和な日々だ。

最近読んだ推理小説・小杉健治作『容疑者』では、冒頭、弁護士が殺害された犯行現場が、鶯谷駅のすぐ近く根岸二丁目のマンションだったが。

駅北口広場に立ってみる。

今日もまた男たちが点在している。

女が来ると遠慮気味に手を組んだり、少しあいだを開けてホテル街に消えていく。

狭い道を、ホンダアコードが徐行しながら入り込む。私が避《よ》けると、運転手が会釈した。

六十代後半といったところか。不況で就職先がないこのご時世で、六十代が運転手として仕事にありつけるのだから、デリヘルも日本経済に貢献している。

助手席には、長い髪に我《が》の強そうな目をした二十代後半の女性。デリヘルの女だろう。

ホテルからは、ことを終えた男女が出てくる。面白いのは、ホテルに入る前は男が率先して女を導き、女はうつむきながら従っているのだが、ホテルから出るときは女のほうが率先して出てきて、男のほうは性欲を吐き出し、一種の虚脱状態というか後悔すら抱いているかのようにうつむいている。

元三島神社にて

デリヘルの女を待つ北口広場で、加山雄三が佇んでいた。
といっても、二〇一三年十月九日に放送された『若大将のゆうゆう散歩』（テレビ朝日系）のなかのことだ。

散歩が趣味の私は、地井武男の『ちい散歩』以来、後継番組として始まったこの新シリーズを観ている。地井武男に比べると、関心のあることと無いことの差がはっきりしている若大将は、興味がないとすーっと早歩きして、慌てて撮影隊が後を追う。あれは若大将のゆうゆう散歩ではなくて、大名散歩だよ、と喝破《かっぱ》したのは畏友《いゆう》の河崎実監督である。最近、壇蜜主演『地球防衛未亡人』を完成させ、今度は『母さん助けて電エース』というお笑い特撮映画を撮っている男だ。

加山雄三といえば湘南の男。ここ鶯谷とはもっとも縁が薄いはずなのに、何故にこの地と関係があるというのだろう。

番組で本人が回想したところによると、この鶯谷駅北口付近に加山雄三の祖母の家があり、両親が出かけるとき、最中《もなか》屋をやっていたその祖母の家にあずけられた記憶があるという。

「どこだったっけなあ」

昔の記憶を掘り起こしながら、若大将が鶯谷駅北口広場を訪ね歩く。

言問通りから入ってきた車が、簡単にUターンできないくらい狭い北口広場だ。

加山雄三の祖母の家が判明した。タバコ屋の店主が教えてくれたのは、現在オリジン弁当が営業している所だった。

若大将は記憶をたどっていく。

「近くの神社の小山に上って、『御山の大将我一人♪』と歌った覚えがあるんだよなあ」

すぐ近くにある元三島《もとみしま》神社に撮影隊一行が訪れる。

下谷《したや》七福神の一つ、寿老神《じゅろうじん》を祀《まつ》っていることから参詣者が多いこの神社は、弘安《こうあん》の役《えき》の際に河野通有《こうのみちあり》が伊予国大三島《いよのくにおおみしま》の大山祇《おおやまつみ》神社に必勝祈願し、その後、武蔵国豊島《むさしのくにとよしま》郡《ごおり》に分霊を勧請《かんじょう》して弘安四年（一二八一）に創建したのが始まりと伝えられている。

（『PORTAL TOKYO東京ガイド』より）

弘安の役とは、蒙古襲来（元寇）で日本が危機に見舞われた歴史的な大事件であり、この神社はずいぶん古くからこの地にあるのだろう。

元三島神社の神主が、加山雄三の記憶を補った。

若大将が小山に上って歌った場所は、神社境内《けいだい》にあった防空壕だった。元三島神社の神主は昭和九年生まれ、加山雄三は昭和十二年生まれ。「一緒に遊んだかも」と若大将は七十三年ぶりに足を踏み入れた思い出の地に、いつもより感慨深げだった。

人間にとってもっとも大きな感動は、記憶の底に横たわっていた不確かな思い出が、実際に存在していたと確認できることだ。

「信濃路」という店

元三島神社の真下には、居酒屋と大衆料理店を足したような「信濃路」が営業中だ。昭和が生き残ったかのようなこの店は、二十四時間営業に惹かれ、カウンターもテーブルも酒を飲み、定食を注文する客たちでにぎわう。

壁一面に貼られたメニュー――

ポテトサラダ　250
オニオンスライス　250
鯨ベーコン　650
ハムカツ　400
ハムエッグ　300
店長おすすめ・とらふぐの皮　350　……など。

若い女性店員は中国福建省出身で、あまり日本語はわからないが、そこは微笑で受け流す。取材の途中、私たちはしばしばこの店に立ち寄った。

ある夜——私たちの左隣のテーブルでは作業着の男たちが、言葉少なにビールを飲み交わし、しばらくすると切り上げた。立ち去るとき、出口付近のテーブルで飲んでいた三十代のOL風三人に向かって愛想のいい笑顔で、「お先に」と会釈した。その席に先の男たちと同世代、六十代の男が腰掛け、一人でビールを飲み出した。孤独なアルコールの味わいを彼は好んでいるのだろうか。いったいこの男の歩んできた半生は、どんな彩《いろど》りがあったのだろう。

声をかけるか否《いな》か逡巡《しゅんじゅん》していると、この男の向かい側の席に赤い髪をして帽子をかぶった二十代の女が腰掛けた。太ももから腕にかけて桜の柄《がら》のタトゥーを施している。遅れて、近所のスーパーから帰る途中の主婦といった五十代の女が、二人のテーブルに加わった。この三人、いったいどんな組み合わせなのか。

私たちの右隣のテーブルでは、二十代なかば、理科系大学生風の男二人が、先ほどからiPadで何かを検索している。

様々な階層の男女が、渦を巻くかのように「信濃路」で混じり合う。

私たち三人は、どんな風に見られているのだろう。

本書の担当・藪下秀樹は、宝島社のベテラン編集者であり、『宝島』の人気コーナーVOWを担当し、編集者以外の顔として、カルトな映像監督でもあり、この手の世

「信濃路」店内

「信濃路」のウインナー揚げ

界ではあまりにも有名な人物だ。伝説的音楽番組『イカ天』の後番組、『三宅裕司のえびぞり巨匠天国』、通称『エビ天』というテレビ番組があった。映像作家をめざす人間たちが厳しい審査を突破すると金監督の名称が授与される。藪下は数少ないこの金監督を授与された男であり、彼の撮ったユニークな映像は今や伝説化されている。

この人物は監督だけでなく出演も果たし、私が強烈に記憶しているのは、藪下監督が上唇を見えない糸でぴくぴく引っ張っている一人芝居だった。

彼との初対面は今もよく憶《おぼ》えている。単行本の打ち合わせのとき、どこかで見かけた男が着席した。それが伝説のカルト映像監督、仲間内から「藪さん」と呼ばれる男だったのだ。私は彼を見るたびに、つげ義春の名作『ねじ式』に登場する、左腕の傷を右手で押さえながら医者を探すシュールな主人公を連想する。

今回の書き下ろし本の発案者であるフリーランスの編集者・杉山茂勲も風変わりな道を歩んできた男だ。高校時代はラグビー部員として青春を過ごし、筑波大学・生物資源学類では蠅《ハエ》の研究に没頭し、卒業すると蠅ではなく女を研究しようとエロ系出版社で研鑽《けんさん》を積み、現在はフリーランスの編集者としていくつものベストセラーを送り出してきた。

芥川賞作家と「信濃路」

雑多な職種の人々が混在するこの飲み屋は、最近ある人物によって脚光を浴びた。二〇一〇年『苦役列車』で、第百四十四回芥川賞を受賞した西村賢太である。

私にとって、新刊が出るとすぐに読み通す数少ない作家だ。

『一私小説書きの日乗』で、しばしば「信濃路」で飲食している記述がある。

〈五月十七日（火）

鶯谷に出張って「信濃路」へ。ウーロンハイ六杯、ウインナー揚げ、レバニラ、サンマ。最後に冷やしソーメンとライス（サンマのワタをお菜とする）を食べる。

八月二十三日（火）

深更《しんこう》、一時過ぎにタクシーを拾って「信濃路」にゆき、飲みながらメモ帳へ、『野生時代』誌連載随筆二回目の下書き。生ビール一杯、ウーロンハイ七杯、肉野菜炒め、ウインナー揚げ、レバーキムチ、ギョーザ。最後に味噌ラーメンとライス。

九月十七日（土）

深更、半ばヤケで、一時過ぎに「信濃路」へ出かける。ウーロンハイ六杯、肉野菜炒め、トンカツ、ワンタン。最後にオムライスと味噌汁。〉

「信濃路」に関する記述のほんの一部だ。

女性店員に聞くと、今でも月に一回は来ます、とのこと。

『ゴロウデラックス』というテレビ番組で、「東京一ディープな街」のキャッチコピーを付けた鶯谷を、西村賢太がSMAPの稲垣吾郎と女性アナウンサー小島慶子を連れて案内していた。

小学五年生のとき、父親が強盗強姦事件を起こし両親が離婚、賢太少年は中学を出てから、一人暮らしのため、都内でアパートを探した。

「やっぱり安いんですよ、家賃が」

番組内でそう発言していた。ちなみに家賃は八千円。十五歳の少年にとって、安くて住みやすい街が鶯谷だったのだ。

小島慶子が、ある光景を見て驚きの声を発していた。

「悪質なポン引き、街娼が増えています」

言問通りの看板だった。

西村賢太が高架下で壁に片手をつき、うつむきながら酔って嘔吐したときのポーズを再現する。

「まあだいたいこの辺ですね。ポーズはこれです。一度吐きで完全に出し切るので、気持ちよく帰れる」

「そんな人が芥川賞作家ですよ」と稲垣吾郎。

「前回お会いしたときよりも洗練されて、変わりましたね。ジェントルマンに」と小島慶子。

すると私小説作家は答えた。

「やっぱりこれじゃないですか。人間これで変わりますね」

銭マークを指でつくった。

ラブホテルの噴水の秘密

サンモリッツ・エコ、シャルム鶯谷店2、ピュア・アジアン、ヴォーグ、サボイ、リオン、ステラ、七番館、迎賓館、田川、日光……鶯谷駅周辺に乱立するラブホテルの群れ、その数およそ七十軒以上。

駅改札を出るとすぐホテルが待ち構えるのも、ここ鶯谷ならではの光景だ。

鶯谷駅には、南口と北口の二つ改札口がある。

山手線を時計回り、つまり外回りに進んだ際の先頭側で降りたほうに南口改札口がある。ここは小高い位置に狭いロータリーがある。

吉原ソープ街から歩いて二十五分、ここからタクシーで乗り込む客が多く、吉原の玄関口になっている。

ロータリーの右手を進むと上野寛永寺、国立博物館側に出る文化の香りが漂うエリアであり、ロータリー左手、坂を下ると、焼き鳥屋、飲み屋、ラブホテルがある。この辺りは昭和がもっとも色濃く残る場所であり、大阪西成《にしなり》の飲み屋街を彷彿《ほうふつ》とさせる。

後部車両を降りてすぐが北口改札口になり、目の前にはコンビニや薬局店がある。ラブホテル群は南口と北口を繋ぐかのように、山手線と言問通りの間に挟まれる形で密生し、一つの街を形成している。

迷路のようにラブホテルが連なり、ここに迷い込んだらホテルに入らざるを得なくなるように、誘惑めいたネオンがきらめく。

噴水や流れ落ちる滝があちこちのホテル入口に備えられ、水の奏《かな》でる音がホテル街に流れる。まるで何かを祝しているのか、流行の建築様式なのか、水を演出したラブホテルがやたらと目立つ。

私はある不動産関係者から、建物と噴水に関する話を聞いたことを思い出した。池袋駅から一つ目、西武池袋線椎名町駅にほど近いある所だった。そこは昭和二十三年一月二十六日、十二名の銀行員とその関係者が、何者かによって毒殺された帝銀事件の発生現場だ。

犯人はテンペラ画家の平沢貞通《ひらさわさだみち》画伯とされる一方で、えん罪の疑いがあり真犯人は他にいるという説が依然として消えない。

悪質なポン引
街娼が増えてます
相手の客も処罰の対象となります
上根岸町会
ひったくり
暴力事犯にご用心！
上根岸町会
追い出そう！
ビラ貼り・客引き・つきまとい

注意を呼び掛ける看板

被害にあった帝国銀行跡地は、後に割烹や会社ビルになったが、私が訪ねた八〇年代には、跡地に不動産業の社屋が建っていた。入り口には小さな噴水があった。

近くの不動産経営者が私に説明してくれた。

「流れる水っていうのは、お清めの意味があるんですよ」

十二名の犠牲者を慰霊するために、建物の主である不動産業者が設置したのだろう。ラブホテルによく見られる噴水も、客に清冽《せいれつ》な印象を与えると同時に、盛り塩のようにお清めの意味が込められている。

ホテル街には五十歳前後の女が、ぽつりぽつりと佇んでいる。「たちんぼ」と呼ばれるフリーの街娼だ。少し前には韓国、中国のアジア系外国人のたちんぼがいたが、最近はいくらか数を減らしている。

七十代とおぼしき赤いジャンパーを着たスカウトマンが、熱心に三十代女性に何事かを説明している。

「うちは安心だから、ね。そう、八十分二万円。よかったらね、ぜひ。気をつけて帰ってね」

若い頃から享楽の世界に身を投じてきたであろう、経験値が顔に刻まれた七十代男はスカウトマン、しおらしく聞いている三十代の女は、おそらくデリヘルの女であろう。

新風営法が施行されて、店舗型風俗店は出店が厳しく制限され、その一方で無店舗型の派遣型風俗店、通称デリヘルが急増した。

店舗を持たずに客の待つ自宅やアパート、ホテルにデリヘル嬢が向かう。あるいは外で恋人のように待ち合わせてホテルに入る。

デリヘルの繁盛ぶりは、ラブホテルにとっても特需をもたらしている。

鶯谷ラブホテル群が生まれた背景

鶯谷のラブホテル群は、駅周辺に密集するのと同時に、言問通りを越えた閑静な住宅街にもぽつんぽつんと点在する。

駅周辺のラブホテル群が赤い渦巻きとしたら、言問通りを越えた辺りのラブホテルは赤い飛沫《しぶき》のようだ。

瀟洒《しょうしゃ》な民家の隣にラブホテルがネオンを灯して営業していたり、子規庵や書道博物館といった文化施設のすぐ目の前にもラブホテルが建っている。

いったいなぜ、鶯谷にラブホテルがこのような形で発生したのだろう。

鶯谷独自のラブホテル繁栄学は、立派な研究課題になるだろう。

この地で暮らしたり、店を構えたりする人たちに尋ねたところ、たいてい首をかしげる。

めげずにこの地で古くから住む八十代前半のご老人に尋ねたところ、品のいい街の住人はこう解説してくれた。

「空襲でこの辺りも焼けてしまったんですよ。それでも運良く焼けずに残った家もあってね。戦後、働き場所を求めて地方からこっちにやってくるんだけど、寝泊まりする場所がない。そこで焼け跡に簡易宿泊所が建つようになったんですね。あちこち建ったから。世の中がだんだん落ち着いてくると、素泊まりの宿泊所に泊まる人が減ってきたから、連れ込み宿に変わったんですよ。ま、それが今のラブホテルになったんですよ」

上野駅の隣街である鶯谷は、終戦直後、上野駅で降りた求職者が寝泊まりの宿を探す格好の場所となった。焼け跡は宿泊施設となり、焼け残った民家はそのまま住民が暮らすようになり、そこに現在の民家とラブホテルが入り交じる独特のエリアになったのだ。

落語界のカリスマを生んだ家

鶯谷駅からほど近い根岸二丁目に、初代林家三平が住んでいた邸宅がある。現在は「ねぎし三平堂」として水曜・土日に資料館として開館されている。

大正十四年に生まれた初代三平は、破調の落語家として大いなる人気を博した。

「奥様大変なんすから、ほんと」

「おかしいの、なんの」

客席に直接語りかけ、私がこうやったら笑ってください、と頭に手をやる得意のポーズ。

アコーディオンに合わせて「好きです、好きです、よしこさーん、こっちむいて、いいじゃないのさー」と、ムード歌謡調で歌い上げる。

初代三平のアドリブのきいた芸風は、二十一世紀の今でも十二分に通用するものだ。

ねぎし三平堂で木戸銭《きどせん》を払い、二階に上がると、階段から懐かしい三平の声が聞こえてくる。落語家になる前から、五十四歳という若さで亡くなるまでの資料が展示されている。

駅前交差点近くにある根岸小学校が初代三平の母校だった。そういえば、その三平が根岸小学校のことを「下町の学習院」と言っていた。

若い頃は遊び人でお洒落、あの独特のパーマのかかった髪のサイドを、ポマードでなでつけた丹頂《たんちょう》（今のマンダム）と柳屋《やなぎや》の整髪料も展示されている。

几帳面な人らしく、日記をずっとつけ、昭和二十三年の日記にはダンスホール「フロリダ」の半券が挟まっていたという記述もある。

ジルバの三ちゃん、マンボの三ちゃんと呼ばれるほどダンスホールに通い詰めていた。

昭和二十七年四月十日、お見合いで海老名香葉子と結婚。新妻は空襲で両親・祖母・長兄・次兄・弟の六人を亡くしていた。

結婚してからも落語家としては売れず、結婚した年には所有していた土地を半分手放す苦闘の時代もあった。

ラジオから人気に火がつき、テレビ局やラジオ局に忙しく移動する売れっ子タレントのことを「神風タレント」と呼び、初代三平が第一号とされた。

文学青年だった初代三平は、アドリブに見える破調の落語でも、実は念入りにネタ帳をつけ、研究している。その膨大な数のネタ帳と日記が展示されている。

早大落研に文語体で寄稿した「笑いとは？」という論文がある。

笑いにはペーソスが無いと駄目、という説に疑念を抱き、ただこよなく人を笑わしたるのみ、と笑いを定義づける初代三平は笑いの確信犯であり、凄みすら感じさせる。

フランク・シナトラ主演『めぐりあい』を初代三平が映画館で観たとき、アメリカ・ナイトクラブの芸人ストーリーであるこの物語で、ショーウインドウに写った自分の顔に向かってシナトラがつぶやいた。

「人を笑わせることは有意義な仕事だよ」

映画館の中、一人大いに手を叩きました、という初代三平。今よりもお笑いの地位が低い時代に、絶対に売れてみせるという迫力が伝わってくる。

立川談志が参議院選に立候補したとき、月の家圓鏡《つきのやえんきょう》（現・八代目橘家圓蔵《たちばなやえんぞう》）とともに応援演説にかけつけたエピソードも初代三平の肉声で紹介されている。

「圓鏡が『エバラ焼き肉のタレ』と応援でやったもんだから、こっちも『二木二木二木二木二木の菓子。林家三平万歳！』ってやったら、文京区で三平に四十五票入ったんですから。すごいのなんの」

他のコーナーでは〝三十票〟になっていたから、このエピソードもネタであろう。

他にも夫婦で海外旅行に行ったとき、初代三平がおかみさんに税関で入国目的を聞かれたら、「サイトシーイング」と答えることを忘れないように、「斉藤寝具」と覚えておけばいいと安心させた。

実際にいざ税関に立つと、おかみさんの背後から夫・初代三平の声。

「忘れないで。西川ふとん！」

これもネタだろう。

「おもちも入ってベタベタと」

私たちの世代では懐かしい、渡辺製菓お汁粉のＣＭも流れている。

すっかり三平気分に浸っていると、二階の窓からは薄曇りの空を背景にラブホテルが見えた。

デビュー前の藤圭子と三平のおかみさんは、『圭子の夢は夜ひらく』の作詞家であり藤圭子育ての親でもある石坂まさを繋がりで交流があった。まだ十六歳の藤圭子はこの家で寝泊まりしてデビューに備えていた。

後に一人娘、五歳の光（もちろんあの宇多田ヒカル）と夫の三人でおかみさんのもとに来たときは、「この子は天才なんです」と力説していたという。

幼児の宇多田ヒカルもまた、この窓から鶯谷の空を見たのだろうか。

階段を降りて帰るとき、テープ録音なのか初代三平の懐かしい声が天井から流れてきた。

「もう帰るんですか？」


ねぎし三平堂来訪から一年数ヵ月。

文庫の増補では、現在も鶯谷で暮らす二代林家三平と御母堂・海老名香葉子さんから鶯谷にまつわる貴重な記憶をひもといてもらった。

昭和の爆笑王初代三平とともに鶯谷周辺をジョギングしたときの下町の光景、三河《みかわ》萬歳《まんざい》、触れ太鼓、金魚屋、豆腐屋、炭屋、駄菓子屋。いまでは消滅した懐かしい鶯谷の風物詩が、二代三平とおかみさんによって語られる。

正岡子規と鶯谷

鶯も　老《おい》て根岸の　祭かな
子規

ねぎし三平堂は言問通りと尾久橋《おぐばし》通り、二つの幹線道路に挟まれた一帯の中にある。三平堂と目と鼻の先には子規庵が建っている。

俳句、短歌の革新者であり、夏目漱石の親友であり、野球を日本に普及させた功労者でもある正岡子規が、ここに移り住んだのは明治二十七年二月のことだった。

もともとは旧加賀藩前田家下屋敷の侍長屋で、二軒続きの一軒だった。

子規は故郷松山から母と妹を呼び寄せて、暮らした。

子規庵は明治三十五年、子規が終焉を迎えたときの住まいでもあり、多くの俳句、和歌の他に『墨汁一滴』『仰臥漫録《ぎょうがまんろく》』『病牀六尺《びょうしょうろくしゃく》』といった晩年の傑作が生まれた、日本文学史においてももっとも重要な聖地である。

私が何度か訪れたとき、平日にもかかわらず、高校、大学生のグループ、年配の文学愛好家たち、といった来訪者でいつも混んでいた。

民家だったのでそれほど広くなく、庭も手狭だ。

この家に夏目漱石をはじめ、子規の弟子たち、高浜虚子、河東碧梧桐《かわひがしへきごとう》、伊藤左千夫、長塚節《たかし》らが訪れた。

正岡子規のあまりにも有名な句――

柿食えば　鐘が鳴るなり　法隆寺

子規庵の句会で詠まれたもっとも有名な句――

鶏頭《ケイトウ》の　十四五本も　ありぬべし

この句は子規が主張した写生・写実によるリアルな実生活の詠《うた》の代表作であると同時に、シンプルさゆえに、はたしてこれが芸術的作品かと論争まで巻き起こった。

子規庵の庭に咲いていた鶏頭はお隣、書道家の中村不折からもらい受けたものであり、さほど広くないこの庭ではかなり目立ったのだろう。

これが鶏頭ではなく他の花であったり、十四、五本を十二、三本にしても句は成り立つので、句としての芸術度は低い、というのがこの句を評価しない側の主張であるが、絵画のように浮かび上がる見事な句ではないか。

この句が発表された明治三十三年（一九〇〇）は、フランスの自然主義文学が影響を与えだした年であり、人間のありのままの姿を描き出す手法をよしとした。

子規は結核を発病して、子規庵で寝起きしながら著作活動をしていた。この時期に書かれた日記風の随筆も、三度の食事メニューから排便、闘病中の症状など、ありのままを書いている。

子規の鬼気迫るスケッチ

今までのイメージでは、子規はこの庵で病気と向き合いながら淡々と暮らしていたと思っていたが、実際は淡々とした日々に混じり、迫り来る死期を恐れて苦悶している様《さま》が記録されている。

結核から脊髄《せきつい》カリエスになり、体中が痛み、歯茎が化膿し、呼吸が苦しくなる。それにともなう精神的疲弊。

『病牀六尺』の明治三十五年六月二十日の記述。

〈この苦しみを受けまいと思ふて、色々に工夫して、あるいは動かぬ体を無理に動かして見る。いよいよ煩悶する。頭がムシャムシャとなる。もはやたまらんので、こらへにこらへた袋の緒は切れて、遂に破裂する。もうかうなると駄目である。絶叫、号泣。ますます絶叫する、ますます号泣する。〉

絶望は極限に達する。

〈誰かこの苦を助けてくれるものはあるまいか、誰かこの苦を助けてくれるものはあるまいか。〉

あまりの激痛に、モルヒネまで打っている。

百十一年前、この庵でもがき苦しむ声が響いていた。

十月十三日、家に子規一人になると、押さえつけていた自殺衝動が噴出し、そばにあった小刀と千枚通しに目がとまる。もっと確実に自決できるように、子規は次の間にある剃刀《かみそり》を使おうかとも思う。

心身ともに消耗した末の死の誘惑であった。

だが病苦でさえ耐えられないのに、この上肉体を傷つける苦しみに耐えきれぬと思い、寸前で自死を思いとどめる。

スケッチが得意な子規は、自身の文章とともに絵を描いているのだが、このとき死を選択する際に使おうとした小刀と千枚通しをわざわざスケッチで残している。

米を知らなかった漱石

その一方で病《やまい》が精神を研ぎ澄ますのか、想像は羽を広げ、文学から友人にまで筆は及ぶ。

面白いのは、無二の親友である漱石についての記述だ。

明治期には漱石が暮らしていた牛込喜久井町付近には、まだ田んぼがあった。子規と漱石は二人して早稲田から関口（今のフォーシーズンズホテル方面）に歩いていくと、水田に稲が風にそよいでいる。

このとき、漱石は日頃口に運ぶ日本人の国民食である米が、目の前に広がる田んぼの稲の実であることに気づかず、子規によって教えられたのだった。

文豪にしてこの無知。

日本人の食の好みが固い物から柔らかい物に移行し、その結果、顎《あご》の力が弱まり顎関節症になることが最近問題になっているが、興味深いのは明治三十年代に、やはり子規がこのときでも最近の果物はどんどん柔らかくなり過ぎていると杞憂《きゆう》しているこ とだ。

漱石や高浜虚子、河東碧梧桐が訪ねてきたこの庵は賃貸で、家賃は六円五十銭。子規が友人たちの借りている家の値段と比べている。

九段下の高浜虚子の家は家賃十六円、猿楽町の河東碧梧桐のところは七円五十銭、虚子の弟子で俳人の寒川鼠骨《さむかわそこつ》は上野涼泉院《りょうせんいん》で二円五十銭、子規が加わっていた俳句同人誌『ホトトギス』の事務所が四円五十銭。

こう見ると、明治中期の鶯谷の家賃は、都内でも中間あたりであろう。

子規の月収は新聞社からの四十円とホトトギスからの十円で、あわせて五十円。現在の貨幣価値はこの頃のおよそ三千八百倍（「まなぼう」野村ホールディングス・日本経済新聞社による換算）とすると、子規の月収はおよそ十九万円。三十代半ばの男の収入としては低い。

今よりも食料費や家賃がずっと安かった明治期にあっても、高収入とは言えない。文筆業が人並みに食えるようになるのは昭和期に入って低価格の全集、円本ブームが起きて膨大な印税が作家に転がり込むようになってからのことであって、漱石は朝日新聞社員という立場で作家活動をしたり、森鷗外は陸軍軍医が本職だった。

子規のグルメぶり

月収が低くても、子規のグルメぶりは注目に値する。

子規庵で子規が食した普段のメニューサンプルが、陳列されていた。

明治三十四年九月十一日の三食というと——

「子規庵」の糸瓜

「ねぎし三平堂」

朝食　いも雑炊三椀　佃煮　梅干　牛乳一合（ココア入）菓子パン
昼食　粥《かゆ》三椀　松魚《かつお》のさしみ　蜊汁《あさり》
間食　煎餅《せんべい》十枚ほど　紅茶一杯
夕食　粥三、四椀　きすの魚田《ぎょでん》二尾　ふき膾《なます》三椀　佃煮　梨一つ

明治三十四年九月十二日の三食というと――

朝食　ぬく飯三椀　佃煮　梅干　牛乳（紅茶入り）ねじパン形菓子パン一つ
昼食　いも粥三椀　松魚《かつお》のさしみ　芋　梨一つ　林檎一つ　煎餅三枚
間食　枝豆　牛乳（紅茶入り）ねじパン形菓子一つ
夕食　飯一椀半　鰻《うなぎ》の蒲焼き七串　酢牡蠣《がき》　キャベツ　梨一つ　林檎一切

ねじパンというのがしゃれているし、牛乳に紅茶を入れて飲むというのもグルメのこだわりを感じる。他の日には、紅茶の代わりにココアを入れて飲んでいる。梨、林檎といった果物もよく食べている。

夕食にいたっては、鰻の蒲焼き七串に牡蠣だ。

体力の衰えを栄養で補おうというのだろうが、生きていること自体が奇跡と言われ、

胃腸も歯もぼろぼろなのにこの食欲は凄い。

この他にも、葡萄《ぶどう》、ふじ豆、なら漬、飴、餅菓子、かじきのさしみ、牡丹餅《ぼたもち》、渋茶、生鮭照焼、おはぎ、キャベツ巻、八つ頭《がしら》（里芋）、あみ佃煮、糠味噌《かすみそ》漬、大根どぶ漬、ふきなます、柚《ゆず》味噌、ビスケット、大和柿、松茸、鮭の味噌漬、志那索麵《しなそうめん》、まぐろのさしみ……。

誕生日になると、さらに品数は増える。

まぐろとさよりのさしみ、莢豌豆《さやえんどう》、鳥肉、小鯛の焼いたの、蒲鉾《かまぼこ》、車蝦《くるまえび》、家鴨《アヒル》、煮葡萄、あなご、牛蒡《ごぼう》、煮杏《にあんず》、昆布、薑《しょうが》……。

一品一品、凝《こ》ったメニューだ。

当時は化学薬品も使わず、鰻だって天然、メニューに偽装表示もなく、庶民の食生活はある意味、今よりも贅沢だった。

小皿に懐石風に盛られた子規の食したメニューサンプルを見ると、子規レストランを開店して子規庵セットとして出したら間違いなく売れる。

日記風随筆は、亡くなる二日前まで続いた。

亡くなる十二時間前に書かれた俳句。

絶筆

糸瓜《へちま》咲て　痰《たん》のつまりし　仏かな
　痰一斗　糸瓜の水も　間にあはず
をと、ひの　糸瓜の水も　取らざりき

漱石はイギリス留学中だった。処女作『吾輩は猫である』を書いたのは、この後明治三十八年（一九〇五）のことである。

作家活動という面においては、子規は漱石よりずっと先を走っていた。

咳止めに効くという糸瓜が、今もなお縁側に並び、棚には新しい糸瓜がぶらさがっている。

善男善女の話し声が、鶯谷の空にのんびり蒸発していった。

羽二重団子と岡埜のこごめ大福

子規庵の斜め向かいに、子規の親友、書道家・画家の中村不折《ふせつ》が開いた「書道博物館」がある。

今では知る人ぞ知る書道家だが、夏目漱石『吾輩は猫である』、島崎藤村『若菜集』、伊藤左千夫『野菊の墓』等の挿絵を描き、日本盛ラベル、新宿中村屋の看板文字まで描いたというから名書道家であったのだ。

私が博物館を訪れたときはちょうど「清《しん》時代の書　碑学派《ひがく》」という展示会が催され、書画に関心を示す年配の方たちが静かに見学していた。

中村不折が集めた書も展示されている。階段に置かれた「関係者以外立ち入り禁止」の注意書きも、書道博物館だけあって達筆だ。

コレクターでもあった中村不折は、コレクター共通の悩みでもある保存に頭を悩ませたようで、後に中庭に土蔵をつくり書庫とした。

カメラマンが完成記念に中村不折と書庫という写真を撮った。このとき、書庫の階段に腰掛けたり、前に立ってポーズをきめたり、気難しがりやの書道家と思われた中村不折もけっこうカメラサービスしているのが面白い。

書道博物館を抜け出すと、瀟洒《しょうしゃ》な民家とラブホテルが混在している。

捕獲した獲物は逃がしはしない、というようにモデル風の女の腰をがっしり手で巻き込み、ホテルに連れ込もうとする若い男や新聞配達のバイクがホテル街を抜けていく。

根岸界隈には粋《いき》な甘味屋が今も健在だ。

この地に流れていた音無川《おとなしがわ》は透明感あふれる水が流れ、入谷《いりや》の田んぼは緑を誇り、川岸には花が咲き乱れ鶯が鳴き、明治大正時代まで有産階級にとって羨望のエリアだった。

子規の句にもこんなのがあるくらいだ。

妻よりは　妾《めかけ》の多し　門涼み

文政《ぶんせい》二年（一八一九）、初代庄五郎が音無川のほとり芋坂《いもざか》の現在地に「藤の木茶屋」を開業し、街道の人々に団子を販売したのが元になったのが、今も続く羽二重団子《はぶたえだんご》だ。名前の由来は、きめ細かく光沢のある布として有名な羽二重のようだと賞されたことによる。

「竹隆庵岡埜《ちくりゅうあんおかの》」は鶯谷駅北口にある。

岡埜といえば、岡埜栄泉《えいせん》が有名であるが、竹隆庵岡埜の可愛い女性店員に聞いたら、五十五年前にのれん分けしたとのこと。

この店名物の、こごめ大福を買う。

江戸時代から人気のある和菓子で、餅に餡《あん》を包み込んだものを上野輪王寺宮公弁法《うえのりんのうじのみやこうべんほっ》親王《しんのう》に献上したところ大いに喜ばれ、以後、こごめ大福と名付けられた。

この近くにある豆富《とうふ》料理「笹乃雪《ささのゆき》」も元禄時代から続く老舗で、鶯谷は江戸時代を忍ばせる磁場があるのだろうか。

鶯谷でいちばん売れる精力剤

ラブホテル街に隣接するドラッグストアに尋ねてみた。

「ここで一番売れるドリンク剤は何ですか？」

若い店主は自信満々に断言した。

「トンカットアリ」

初めて聞く名前だ。

「最近、流行《はや》ってるんですか」

私の質問に店主は答えた。

「いえ。前からありますよ。植物のバイアグラといわれるほどですからね。トンカットアリ、有名ですよ」

ラブホテルに隣接するだけあって、ユンケルやリポビタンといった栄養ドリンクではなく、肝心のところにダイレクトで届く精力剤が好まれるのだろう。

ショーウインドウにはトンカットアリの精力剤がずらっと並び、今宵も出番を待っている。

トンカットアリとはニガキ科に属する植物で、インドシナ、マレーシア、ボルネオなどの熱帯雨林に自生している薬用植物だという。長い期間かけて成長し、自生場所がなかなかわからないこともあって、入手困難の植物とされる。

希少価値もあってよけい薬効が喧伝《けんでん》されているのだろうか。あるいは精力剤という暗示によって体が元気になることもあるだろう。

もっとも私は、すべてこの手の精力剤を否定しているわけではない。

知り合いの商社マンからその昔、ある植物の実をもらったことがあった。

「女と一緒にこの実をむいて食べてみなよ」

と言われて、半信半疑のまま、シティホテルで女と一緒に実をむいてポリポリほおばった。

「なんだか股が熱くなるの」

女のほうが普段より積極的になった。

その夜は回数が普段の倍になった。

急激に催《もよお》すのではなく、気がついたら普段とは比べものにならないくらい数をこなしていた、ということだ。

商社マンがくれたのは、ペルーで自生しているマカの木からもいだ実だった。

よくマカエキス配合の精力剤が売られているが、私とガールフレンドがかじったのはエキスどころではなく原材料の実だったわけで、そりゃ効いたわけだ。

トンカットアリが効くのかどうか、この原稿を書くのに忙しくまだ試していない。

あれから一年二ヵ月。

再びこの薬局を訪れたところ、トンカットアリは健在であった。

以前のようにトンカットアリをことさら強調した効能は少なくなっているものの、多くのドリンク剤に「トンカットアリ配合」と印字されている。

ガラナエキス、冬虫夏草といったスタミナ系強壮剤ともにトンカットアリが市民権をとった感がある。

もっとも一年たっても私は飲用しないままなのだが。


言問通りを歩くと、道に面した店は、焼き肉屋、写真館、中華料理店、女性用下着ショップ、コンビニと様々だ。

中華料理店のすすで曇ったガラス窓に、浜口京子選手の色紙が飾られている。

表通りから細い路地に潜《もぐ》り込むと、途端に辺りは昭和三十年代にスリップする。

ツタの絡まる廃屋《はいおく》がある。電気メーターもまわっていない。だが数年前までは人が住んでいた気配がある。

隣のトタン屋根の家も人が住んでいない。

引き戸のあるところが玄関口なのだろう。

柱には「下谷北部料理組合員」「青色申告」という印章が貼られている。昔の飲食街の名残だろうか。

大塚、巣鴨、鶯谷という昔花街だった所には、隠れた名店が点在している。私たちが足を踏み入れたこの辺りも、昭和三十年代までは、飲み屋街の一部として客で賑わっていたのだろう。

袋小路となって私たちは引き返す。

鶯谷中央商店街、ふれあいの街――

私たちは駅北口の「ドトール」に入った。

私たちが腰掛けたテーブルの右横では、スーツにノーネクタイの六十代の男がしきりに携帯をいじっている。

その隣では薄緑色の作業着を着た七十代の男が、カバーをかけたおそらくは集英社系の漫画単行本を読んでいる。

長い髪の二十代前半の女がカウンターに並び、注文をしている。

その後ろを黒いスーツを着た四十代の女が並んだ。

二人とも、デリヘルで働く女だろう。

窓の外には、佇む男たちが互いに間をあけて立っている。

鶯谷と愛人とデリヘルと

私と藪さん、杉山君はこれからの取材プランについて話し出した。

この街をテーマに、いったいどこから手をつけようか。

私は今まで鶯谷に関わりを持ってきた三人の人妻たちを想定していた。

鶯谷と人妻。

本書を書くにあたって私は、話の聞ける人たち、男女を問わず鶯谷のイメージと何か関わりがあったか尋ねてみた。

するとある三十代の女医が、こんなことを連想した。

「鶯谷……連想でいい？　そうねえ、鶯谷……西陽《にしび》！」

「西陽？」

「そう。テレサ・テンの歌にあったでしょ」

窓に西陽が　当たる部屋は、
いつもあなたの　匂いがするわ

『つぐない』という曲（作詞・荒木とよひさ　作曲・三木たかし）で、一九八四年に大ヒットした。

「愛人ってイメージね。密会の場所。けっして日が当たらない。でも西陽は当たるの」

もっとも詞の内容は、愛人との関係を歌ったものだとは断定できない。恋人同士という読み方もできる。

女医が愛人をイメージしたというのも、その翌年出された『愛人』という荒木・三木コンビによる有名な楽曲の印象が強いからだろう。

あなたが好きだから　それでいいのよ
たとえ一緒に街を　歩けなくても

西陽が差し込む部屋を愛人との密会の場として連想するのも、あり得る話かもしれない。

「ジャッキー・チェンとテレサ・テンが付き合っていたって、知り合いの女性誌編集者から聞いたわよ。ジャッキー・チェンって妻子持ちでしょ。だから不倫だったんじゃない。それで、密会の場所が鶯谷だったんですって。ラブホテルかな。まさかね、それこそ西陽の当たるマンションの部屋だったんじゃない」

想像は広がる。

世界的映画スターと世界的歌手との世紀の不倫の場が、ここ鶯谷だったのかは別として、この街は駅前のラブホテル群を見ても密会しやすい場所だ。

取材するなら、独身女性ではなく、あえて人妻を対象にするのも鶯谷的だろう。

取材用ノートに人妻の名前を三人書き連ねてみた。

今まで鶯谷というと、曇り空のイメージが強かったが、ここにきて初めて日差しが差し込んできた。西陽という日差しが。

窓の外では、相変わらず男たちが待ち合わせをしている。


やってくる女たちは、巨尻もいれば巨乳もいるし、五十代もいれば二十代そこそこの女もいる。

デリヘルは今なお盛んだ。

「鶯谷といえばデリヘル、なかでも韓デリでしょう」と杉山君。

最近よく聞く言葉だ。

「韓国の女性が働くデリヘルですよ。鶯谷は日本でいちばんの韓デリ密集地帯って言われてるんです。常時五百人はいるのかな？　ビザ無しで九十日間日本に滞在できるようになったので、九十日間めいっぱい働いて韓国に帰るんですよ。円とウォンを換算すると、日本で働いたほうが稼ぎが大きいし。語学留学生が学費稼ぎに日本に来るみたいですよ。韓国は教育にお金を使うお国柄だから、休学して働きに来るんですよ」

日本の風俗に比べると、女の子のスタイルがいいし、肌も綺麗だし、片言の日本語で保護本能をくすぐる。日本の風俗嬢はお仕事感が強いけど、韓デリの子は恋人気分。それで韓デリに夢中になる男たちは、後を絶たないという。

「しかも無論本番アリで、ナマが基本ですから。コンドームを着けるのがイヤな男たちってすごく多いんですよ。あと、韓デリって謎めいてるんです。経営してるママさんはいったいどんな女なのか。韓デリの子たちはどこで暮らしているのか。日本のことを、どう思っているのか」

鶯谷を解き明かすには、「人妻」と「韓デリ」がキーワードのようだ。

「来週火曜日の午後一時、千葉に住んでいる韓デリマニアのシンジさん、呼んで話聞きましょう。彼はもう百回くらい韓デリに通っていて、ナマ（ゴム無し性交）でないとイヤ！という人なんですよ。僕の仕事場のすぐ近くの店でウエイターやっているんです。シンジさん、ポン引きにも気軽に話しかけるんですよ。顔も広いし、韓デリのディープな話聞けると思いますよ」

第二章　「鶯谷発」韓デリの魔力

百十分で三回戦のサラリーマン

週末の鶯谷駅北口広場。

一定の間隔を空けて、男たちが誰かを待っている。

広場といっても、車一台がやっとUターンできるくらいの行き止まり地帯である。

そこに点在する男たちは、数分後に確実に起きる小さな僥倖《ぎょうこう》を心静かに待っている。

来た。

白い胸の谷間もあらわな黒のセーター一枚の豊満な若い女が、四十代の男に駆け寄ると、二人は手を繋ぎ、ホテル街に姿を消した。

長い黒髪をした背の高い四十歳前後の女が、悠然とハイヒールの音をたてて男に近づいていく。女より頭一つ分低い六十代の男がさも満足そうに頷くと、二人はホテル街へ消えていった。

鶯谷は昔から熟女系風俗のメッカとされ、今も人妻・熟女系デリヘルの人気がある。最近では若い女の子限定やら巨乳、巨尻、コスプレ、SMといった専門系デリヘルも多数発生し、繁盛している。

「鶯谷発」という言葉は、風俗業界では〝過激〟という意味と同意語である。

〝過激〟とは、時間内無制限、そしてナマ、という意味だ。

私たちは次週、シンジさんから韓デリの内幕話を聞く前に、北口広場でデリヘル嬢と出会う男たちを直撃し、「鶯谷発」の率直な感想を聞き出すことにした。

「鶯谷発」とは、具体的にどんな内容なのか。

デリヘル嬢と待ち合わせしている男性客は、すでに心ここにあらず、数十分後に迫る桃源郷を夢想しているであろうから、こちらがインタビューするのも野暮《やぼ》なことだ。

そこで私たちは、ホテルから出て来た直後の男たちから、聞き出すことにした。

杉山君は他の仕事で参加できないので、北口周辺をうろつくのは私と藪さんである。

普段はスーツにネクタイ姿である藪さんも、今日は休日とあってラフなジャンパーと山岳帽子というスタイルだ。言っちゃ悪いが、新興宗教の勧誘員のようだ。

ホテルから出てきたデリヘル嬢と客は、束《つか》の間《ま》の恋人気分を味わいながら、駅北口まで来て、あいさつをして別れる。

それらしき男たちに声をかけるのだが、キャッチと間違えられるのか、いかがわしいアンケート勧誘員と間違えられるのか、取材を受けてくれる男はなかなかつかまらない。

この後、他の仕事が入っている私は、日にちをあらためて出直そうかと思い始めていた。

そのときだ。藪さんが一人の男を連れてきた。

「この方が、お話ししてくださるそうです」

三十代半ば、眼鏡をかけた小太りで人の良さそうな男だ。仮にAさんと呼ぼう。

「新手《あらて》の宗教の勧誘かと思いましたよ」と、Aさん。

やっぱり。

デリヘル客のプレイ直後のコメントは採録不可能かと思ったが、なんとかなりそうだ。

北口の「ドトール」に入り、二階で話を聞くことにする。

「Aさんのプロフィールですが」

「歳は三十後半です。結婚してますよ。二十八で結婚して子ども一人います」

休日は自分の趣味に時間を費やす独身の三十代と思っていたが、違ったようだ。

「よく鶯谷には遊びにいらっしゃるんですか」

「そうですね」

「今日はどこに？」

「人妻系デリヘルです。ここはそういうのがメッカじゃないですか。そのときの気分によって、人妻系だったり、普通のデリだったり。今日の女性は僕と同じ年齢くらい。違うときは若い子。二十代真ん中くらいを選びますけど」

「人妻デリヘルの良さはなんでしょうか？」

「人生の経験値が高いじゃないですか」

「今日は本物の人妻でしたか？」

「うーん、どうなんでしょうね、そうじゃない女性もいるんじゃないですか」

「今日初めて指名？」

「いえ、何回か」

Aさんの風俗体験は高校卒業直後というから、かれこれ二十年以上だ。年季が入っている。

昔は新宿・歌舞伎町の箱型店舗であるファッションヘルスやイメクラによく行っていたという。Aさんが通っていたファッションヘルスとは、店内の個室で女の子がキスやペッティングからフェラチオ、素股で射精へと導く奉仕をする店であり、イメクラはイメージクラブの略で、女の子がイメージプレイと称して、女子高生の制服やスチュワーデスの制服を着て、こちらも同様の奉仕をする。

どちらも個室にはシャワーが備えられ、女の子と二人で体を洗うときからすでにプレイは始まる。

ソープランドに比べてもテクニックはさほど必要もなく、収入は原則当日払いということもあって、素人が手っ取り早く稼げる風俗業として流行り、「フードル」と呼ばれる風俗嬢のアイドルまで誕生した。

二〇〇四年頃から始まった石原都政による風俗店規制と新風営法によって、都内の店舗型風俗店は大規模な摘発が始まり、出店も厳しく制限され、その代わりに出張型、デリヘルの興隆によって、ファッションヘルスやイメクラは現在、細々と営業するに留《とど》まっている。

本番は一応禁止されているが、なかには強引に本番に持ち込むことを特技にしている客もいたり、「西川口流」という業界用語が付くヘルス店は〝本番あり〟を意味していた。

ちなみに、性感ヘルスは九〇年代に爆発的に流行った風俗で、舌と指によるさらなる高度なテクニックで客の性感帯を刺激するもので（前立腺マッサージなるものまで用意された）、最後は素股で発射させるのが主流だった。

ファッションヘルスやイメクラは、客が女の子にタッチできたが、性感ヘルスは一〇〇パーセント、男が受け身になった。女の子はよりテクニックを要求されたが、触られるのが苦手な女の子にとっては働きやすい職種でもあった。

さて、イメクラ、ファッションヘルスで遊んできたAさんであるが、現在は鶯谷のデリヘルがもっぱらだという。

奥さんも子どもも、Aさんの風俗遊びはもちろん知らない。

「鶯谷は会社と自宅の通勤圏にはない。ちょっと外れた所じゃないと。だから来れるんですよ」とAさん。

「昔は人妻や三十代以上の女性が表だって風俗で働いているなんてことは、お客には伏せたものですが、それが今では逆に人気がある。昔では考えられませんね」

私は感慨深げに回想した。

「そうですね。バブルの頃遊んで、風俗で働くことにこだわらない世代の女性が、年を重ねて鶯谷に来てるんじゃないですかね。今日の相手も、昔は派手だっただろうなと思いますよ。ちょっとぽっちゃりです。そうですね、自分の好みですね」

「鶯谷で遊ぶようになったのは、いつからですか？」

「十年くらい前ですね。その頃は鶯谷ってあんまりイメージがなかったんです。風俗情報誌を見て鶯谷に来たんですけど、そのときは普通のデリヘルで遊びました。風俗情報誌を読んでいくと、鶯谷って女性の年齢層が高いじゃないですか。だから、そういうもんかなって思って行ったので、違和感はなかったです」

「当時と今の違いは？」

「今は普通の女性っぽい方が増えてる気がしますね。僕は（コンドームを）着けますが、女性によって違うんですよ。ナマでできたり、できなかったり」

「ちなみに今日は何分コースですか？」

「九十分コース、二万円。鶯谷は時間内なら何回やってもいいんですよ」

鶯谷・ラブホテル街の路地

「今日はちなみに何回？」

「三回」

「三回⁉」

「そう。時間二十分オーバーしたけど。今日の子は時間オーバーしても何も言わなかった。プロフィールは人妻さん。でも突っ込んで聞かないから。アハハハ。ファンタジー、そういう設定だしね」

バイアグラ等、薬は一切飲まず、一時間五十分で三回発射。

三十代後半でこの回数をこなすには、肉体よりも確実に精神面のほうが関係している。Aさんにとって、指名した女性はよっぽど相性がいいのだろう。

男はある意味、女より精神的な面がセックスに影響を及ぼす。ささいな一言《ひとこと》で不能になったり、相手のちょっとした反応で、Aさんのように何度でもやれることもある。

「ところで風俗遊びの資金は、どう捻出《ねんしゅつ》してるんですか？」

「サラリーマンですからね、別個に遊ぶための資金を運用してるんです。株やってるんです。奥さんには内緒、ワハハ」

「儲かってますか？」

「今取り返してきたかな。前はかなり足が出ちゃったかなって感じでした。こういう株みたいな投資がないと、普通のサラリーマンはなかなか遊べないですよ」

「アベノミクス効果、ありますか?」

「あまり関係ない。株で利益が出れば遊びに行くだけです。運用に失敗したら全然遊べないし」

「遊びたいから、株、ちょっと早く売りすぎたとかは?」

「ありますよ。アッハッハ」

「鶯谷には月何回くらい?」

「月一、二回です。パチンコやって勝てば、もっと来るんでしょうけどね。会社でパチンコしてる人いますよ。今のパチンコは勝てば十万円以上勝ちますからね。それで風俗遊びしてる会社の人いますよ。

遊ぶのはほとんどデリですね。費用対効果考えたら、吉原のソープよりデリのほうがいいし。昔は吉原ソープっていつかは行ってみたい所で、憧れがあったけど。あれはあれでいいんでしょうけど、最初から(本番)ありですよ、と言われてやるよりも、表向きは一応、(本番は)無いですよ、と言われているのを、最後までするのが楽しいんじゃないかな」

「男はたしかに、他の男にはないサービスを自分が受けたと思うと悦びますからね。風俗遊びでトラブルに遭《あ》ったことありますか?」

「ありがたいことに、今のところはないですね。鶯谷に限ってはないんじゃないですかね。だから遊ぶのは主に鶯谷です」

「最後に、鶯谷のイメージは？」

「風俗の街」

Aさんは、取材が終わると「参考になりました？　こんなんでいいんですか」と言った。

山手線に乗って鶯谷まで遊びに来るというAさん。

別れ際、「宝島社のムック、コンビニで買って読んでますよ」と言った。

藪さん、恐縮しきり。

ナマでしてきた直後のエンジニア

二人目の証言者、Bさんはちょうどラブホテルから出てきて、女に手を振って駅に向かう途中だった。

毛糸の帽子をかぶったラフなスタイル、長身、独身。明るさと軽快さを兼ね備えた、モテる部類に入る男だ。

こちらのことを疑うこともなく取材を受けてくれて、またもや「ドトール」へ。

「俺、三十五歳です。仕事は機械のメンテナンス業、技術系ですね。景気はあんまり良くないですね。人が辞めてって残業が増えたんですよ。ま、その分収入は増えたんだけどね。だからブラック（企業）じゃないっすよ。

休みの日、こうやって気晴らしに鶯谷に来るの。そういう感じかな。会社は横浜なんですよ。この後、友人と新宿で飯を食おうと約束してる。で、帰る途中だったんです」

「申し訳ないです」

「いえいえ」

「鶯谷まではどうやって？」

「電車ですよ、横浜から京浜東北線で。っていうか根岸線？　ここまで電車一本で来れますよ」

「今日はどんな遊びを？」

「自分、韓デリっすね。アハハハ。いいですね韓デリ。今いろんな所にあるけど、鶯谷の韓デリはレベルめちゃくちゃ高いっすよ。若いし、可愛いし」

「ホテル前で別れた女性がそう？」

「そうそう。あの人は三十歳かな。三回指名してるね、うん。ホテル代込みで百二十分、三万五千円。鶯谷は女の子によるんですよ。何回でもとか、ナマでいいとか。お店で聞けば教えてくれるんですよ。『ゴム着けて』とか、『ナマでできる』とか」

「Bさん、今日ナマで？」

「そう。ナマ。ぶっちゃけ俺、結婚してないし、彼女もいないんで。仕事上、女の子と知り合う機会がぜんぜんないからね。男ばっかりの仕事場だし、仕事も二十四時間対応だから、休みも月二回。そんなレベルなんで、女の子と知り合う機会ないですね。俺はべつにそれでもいいし、たまに鶯谷で風俗遊びやってますんで、いいんです。

素人《しろうと》にはあまり手を出したくないんですよねえ。素人のほうが病気とかに対して甘いんですよね。それに美人局《つつもたせ》っぽいのに遭ったこともありましたしね。川崎で酔っ払って歩いていたら、ぽつんと立ってる女の子がいたんで声かけたんですよ。ホテルに行って、一発やったら、女が誰かに電話してるんですよ。なんだ？　コンコン、女がドア開けたら、いかつい男がいた。

こっちはパンツ一丁じゃないですか。アハハ。しょうがねえなあ。こっちは手を後ろに回して灰皿隠し持って、男が、『俺の女に手を出したな。どうしてくれるんだ？殴られたいのか、それともカネよこすか？』って言い出すんで、『ああ、そうなんですかぁ』って受けて流した。

相手に一発殴らせれば、こっちが殴ってもいいんですから。べつに相手は人間ですからね、怖くはなかったですけどね。『これって美人局《つつもたせ》って知ってる？』って俺が言ってやったら、相手が激高してきて、でもいざとなったらこっちは灰皿隠してるから、相手もこれはやめたほうがいいなって思ったみたい。相手は素人っすよ」

「Bさん、ケンカ慣れしてますね」

「もともと私、空手とボクシングやってたんで、空手の全国大会出たこともあるんですよ。街でケンカばっかり。ケンカは慣れですから。自分、極真ですよ。武道系のヌンチャクとか武器使う派です。美人局に負ける気はしないんで。アハハハ。

　警察の対応は基本的には冷静に、落ち着いて必要なことだけ話す。そうやれば乗り切れますよ。美人局に『これから警察行きますか？』って言ったら、引いちゃいました。いいですよって。アハハハ。自分でもよく冷静でいられたなと思いますね。素人は怖いっすよ。韓デリのほうがよっぽど安全ですよ。風俗関係で危険な目に遭ったことないですね。女の子が嫌がることしないですから」

「韓デリで、今日の子を指名した理由は？」

「彼女は本気で感じてるっていうか。俺も気に入って、ちょっと年齢いってるけども、それは気にせず。容姿だけが良くても、実際抱いてみないとわからないですからね。（珈琲カップを持ち）いただきます。今日はナマで二回ですね。彼女はなんでも受け入れてくれるんですね。三回やってもいいし。自分はゆっくりしたいほうなんで、二回がいい感じかな」

「病気は怖くないですか？」

「べつになってもいいやって捨て身っていうか。なったらなったでしょうがない」

「先ほどの女性は日本語話せるんですか？」

「けっこう日本語しゃべれますよ。ちょっと前に韓国からやってきたって言ってました。韓デリで在日の子はほとんどいないんですよ。在日に当たったことはない。韓国も不景気らしくて、こっち来て稼いでるって言ってました。もともとホテル経営してたらしいんですよ。不景気で潰れちゃって、それで今こっちに来て稼いでいる」

「韓デリの良さを教えてください」

「鶯谷の韓デリがいいんですよ。韓デリはあちこちあるけど、ナマでやらせてくれる韓デリは鶯谷くらいなものですから。普通、ゴム着きですよね。あと、日本のデリはオバさんばかり。韓デリは若い子が多いし、一昔前は、テレビの韓流ドラマの女優クラスのルックスの子が多かったし。ま、整形も多いんでしょうけど」

「鶯谷のデリヘル、中でも韓デリの子は広告と実際は違うって話を聞きますが」

「うん、違いますね。基本的にはみんなパネマジですから」

「なんですか、パネマジって」

「パネルマジック。お店の女の子を紹介するパネルと同じだと思わないほうがいいですよ、ってこと。多少面影が残ってるんですけど、基本は別人ですから。アハハハ。ただ稀《まれ》にですけど、パネルよりも美人の子がいますよ。パネルでかえってまずくしてる。今日の子はけっこう良かったですね。おれはムチムチ系が好き。スレンダーも悪くないけど」

「Bさんにとって、鶯谷のイメージは？」

「（しばらく考えて）気軽に利用できるホテル街。ホテルに入ればすぐ気に入った女の子呼べるし。鶯谷はなんでも呼べますよ。人妻、熟女、韓デリ熟女、若い子、デブ専もありますよ。自分、ムチムチ系はいいけど、デブはちょっと。ワハハハ。

　今日はこの後、新宿で友だちと飯食う約束していたんですけどね、せっかく久しぶりに東京に来て昼間は空《あ》いてるし、ずっと仕事で忙しかったし、カネも使ってこなかったし、すっきりしてから新宿に行こうかなって。それで店に聞いたら、前に指名した子が空いていたから指名したんです。

　ほんと、仕事忙しくて二、三ヵ月に一回くらいしか遊びに来れないんですよ。仕事帰りにたまに川崎のピンサロとかで遊ぶ程度なんで。今日の子は二ヵ月ぶりです。覚えてましたよ、俺のこと。『お兄さん！　オッパ！』って。楽しんできました」

「そろそろ結婚のほうも」

「アハハハ。知り合うきっかけがないですからねえ。自分の生活行動が、女と接点ないですからね」

「みなさん、そうおっしゃいます。普段の行動範囲で新しい女性と出会う機会は、実際少ないんでしょう」

「そうでしょうねえ。恋人いなくて七、八年になりますね。韓デリでやればいいですから」

「Bさん、最後に付き合った彼女というのは？」

「音楽やっていた子です」

「なんで別れちゃったんですか？」

「相手が浮気したからですよ。もう会えないよって俺から別れた。女つくろうかなと思ったときがあったんですけど、出会いもなければ仕事も忙しい状態ですし、同世代の女の子も結婚しちゃったし。結婚するかしないか、後からこんがらがるのもイヤだしねえ。だから今、気ままに女遊びしてるんです」

別れ際、Bさんは、参考になりましたかね？　としきりに気にしている。

「本ができたら、ぜひ拝見しますから」

そして鶯谷駅北口改札に消えていった。

韓デリに夢中になった男

前回の取材から一週間後。「信濃路」でサバ味噌定食を食べ終わったら、今日の主役・シンジさんがふらりと入ってきて、韓デリを熱く語り出した。

「僕が鶯谷に通うようになったのは、ナマでできるからです。渋谷のデリヘルで二万払うより、ここならホテル代込みで二万で済む。同じお金使って、本番できないお店で満足した試しがないんですよ。ナマ派です」

想像していた男のイメージとはまったく異なる。風俗好きの脂《あぶら》ぎった男だとばかり思っていたが、目の前に現れたシンジさんは、髪の毛をワックスで整え、長身に白いシャツと眼鏡がよく似合う。

別に鶯谷に来なくても女性には困らないだろう。

私とこの本の担当者であるフリー編集者の杉山君、シンジさんの三人で平日昼間、大衆酒場「信濃路」のテーブルを囲み、韓デリ談義となる。

「結婚してたり恋人がいたら、わざわざ鶯谷に来るかなあ。僕に（恋人が）いたら、たぶん来ないですね。仕事時間が長いんで、ここまで来る時間がとれないし。僕の仕事場は飲食店、イタメシ（イタリア料理店）です。前は杉山さんの事務所の近くで働いていたんですけど、よく店にいらしてくれて、話していたら風俗にも行くことがわかって、じゃあ今度一緒に行きましょうよ、ってことになったんですよね。アハハハ」

杉山君によると、シンジさんは束の間の休み時間に勤務先であるイタリア料理店の前に立って、顔見知りの通行人に声をかけてはあいさつを交わしたり、立ち話をしたり、とにかく顔が広いという。

杉山君の話によれば、職場近くのコンビニで、アジアンビューティーの魅力を漂わせる中国人留学生がアルバイトしていた。杉山君の仕事仲間たちの間でも可愛いと評判になっていたが、肝心の留学生が心を許したのが、他ならぬシンジさんだった。

「震災の後、寂しくて結婚したというケースが増えたって言いますけど、あれと同じ感覚でした。ニッポンってどうなるんだろう。わかんないから、とりあえずしたいことしちゃおうとコンビニで買い物したとき、『今度ご飯行こうよ』って連絡先渡したんですよ。そしたら彼女も前々から僕のこと気にしていたみたいで、『誘ってくれて嬉しかったです』って、それでデートしました。上野でデートですね。路地や駅構内のロッカーに隠れてキスしたりして、その後、杉山さんと約束してたから鶯谷まで来て一緒に韓デリ行った。アハハハ」

「シンジさんって韓国や中国のアジアン系に弱いんですね。というか、強い」

「日本に来る中国、韓国、台湾の女の子って綺麗で優しい女性が多いし、尽くしてくれるから好きなんです。経験上、日本の風俗嬢でいい子っていない」

「少々疲れている子が多いですね」

「そうでしょう。僕もモテていればカネ使わなくて済むからいいんだけど、そうでもないから」

「接客業だから、女性と接することも多いんじゃないですか」

「いや、女性との関わりは少ないんです。仕事で来る女性はお客だから、そういう感情は持たないし。だから手っ取り早く風俗行っちゃいます。気楽は気楽ですね。やること決まってるわけだし、妙な駆け引きも必要ないし」

女に不自由していない、という言葉はごく限られた男だけのもののようだ。

突然、私の頭に柔らかいものが当たった。

「ちょっとごめんなさい」

私たちが座っているテーブルには、小春日和《こはるびより》の日差しが差し込み、かなり暑い。アジア系女性店員が壁に設置されているエアコンのスイッチを押そうと、私の頭越しに手を伸ばしたところ、乳房が当たったのだった。私はそのままの姿勢で事態を受け止める。

シンジさんは一九八〇年生まれ、自称ファミコン世代。東京の下町出身で、父は建設関係の仕事をしていて、あまり家にいなかった。近所に住む祖父母が幼いシンジさんの相手をした。

共稼ぎ夫婦の子どもは当時「鍵っ子」と呼ばれたが、シンジ少年はファミコンのおかげで寂しさをあまり感じたこともなかったという。

高校を出ると料理学校に学び、飲食店で働き出した。

「飲食店なら食うことには困らないだろう、と思って」

最初はコックをやっていた。学生時代にハンドボール部で腰を痛め、背が高く皿を取るとき中腰になることが多かったためにヘルニアになった。調理場で働くことができず、コックから接客の最前線に立つことになった。

童貞喪失は高校三年生のとき。相手はアルバイト先のレストランで出会った五歳年上の、音大を出て声楽家をめざす女性だった。

真冬の隅田川で気分が盛り上がり、そのまま岸辺に倒れ込んだ。

一度きりの関係で終わらせようとは思わなかった。二人は付き合うようになった。交際中に、彼女から過去に中絶した経験があると告白された。彼女以外に女性経験がないシンジ青年は、衝撃を受けた。音楽を学ぶ美しい女性でも、人に言えぬ過去がある。

六年間付き合い、このままいけば結婚も考えていたが、お互いのタイミングがあわず、関係は途絶えた。

「五、六年前に会ったんですよ。僕とはうまくいかなかったけど、『結婚しようと思ってる』って言ってました。今は真剣に考えている人がいるって。変わってましたね。今、三十八歳になってますね。たぶんもう結婚してるでしょう」

恋人と別れてから風俗通いするようになった。

「シンジさんが、韓デリにハマッたきっかけは？」

韓デリ店の女の子。いわゆるパネマジだが実物も悪くない

「情熱的な子がいて、すごいハマッたんです。十年以上前ですね。個人的にタイプだったし、僕のこと気に入ってくれたんですよ。形式的なやりとりより、普通の恋人みたいな感じですね。二十代前半で留学生と言ってたけど、そうじゃない可能性もある。韓デリの子って、実年齢はほんとにわからないですから。二十歳そこそこの子もたくさんいるけど、二十歳といっても三十歳以上の場合もあるし、だいたいみんな二十四、五歳という。僕は年は気にしていませんけど」

シンジさんが夢中になった女は、ソウルのデパートに勤めるＯＬだった。給料だけでは貯金もできず、思い切って日本で一年間韓デリで働き、お金が貯まったら帰国する計画を立て、実行に移していた。

「韓国の女の子が日本に来て、日本の男たちに抱かれる抵抗感とか怖さはないんでしょうかね？」

「あまりないみたいですよ」

「異国だから、麻痺するのかな」

「仕事なのに、『眠い』って寝ちゃうんですよ。僕も彼女が気に入ってるから、疲れてるのかな、そのままにしてあげようと。そういうのもありますね」

「寝ちゃうのがまた、恋人気分で嬉しいじゃないですか」

「そうですね。心を許せる男と一緒にいるんだなって実感できるから。僕が前に指名してくれた客だとわかると、笑顔に変わる。つくってるのかもしれないけど、可愛いですよね」

発射だけすればいいと思われがちな風俗通いの男たちだが、内実はメンタルな面を追い求めているものだ。

「僕が遊ぶ韓デリは、最短だと八十分二万円。僕は百分が多いですね。二万五千円。八十分だと一回だけなんです。百分以上になると無制限が付くんです。だから二回は絶対します。三回することもあります。したいんだったら百分以上がいいと女の子が言ってるし。ゆっくりもできるし。日本の風俗は高いわりに質が悪いんですよ。

泊まりもありますよ。夜十時から翌朝十時までで、六万円。それが深夜十二時からだと五万五千円。泊まりのときは一緒にお酒飲んで、三十分だけホテルに許可もらって一緒に外に出て軽く食事して、また部屋に戻るんです。でも数時間は睡眠にあてられちゃうんで、割高になるんですよね。ハマった子はリカ。携帯番号聞いて、何度か話したことがあった」

「韓国人風俗嬢と、日本人風俗嬢の違いは？」

「韓国は情熱的な子が多いんですよ。日本の風俗嬢は醒《さ》めてる子が多い。プレイのなかにキスがあるのに、『できません』って平気で言っちゃう。おかしいでしょう。なにかしら理由をつけて断るんですよ。それで客は醒めちゃう」

「ああ。僕らの世代は、風俗ではキスNGでした。だからキスはかえって刺激的ですね。今はソープでもヘルスでもデリヘルでもキスは当たり前になってますが」

「そうですか。今も（キス）嫌がる子いますよ」

するると杉山君が、キスにまつわる興味深い分析を語り出した。

「今でも北海道の風俗に行くと、キスは付き合っていないと駄目っていう子が多いんです。それからどこでもそうだけど、若い女の子が援交の場合、キスNG。体は許すけど」

三十年前の風俗嬢と同じ感覚が残っているのだろう。

気になる反日感情について尋ねてみた。

「まったく感じないですね。若い人はあまりないんじゃないかな。むしろ親日のほうが多いですよね。年齢上のほうが反日です。自立している人たちは、逆に（反日は）おかしいと思ってる。反日感情が強いのは、日本に来たことがない人たちですよ」

「シンジさんは韓国語をどれだけ話せるんですか？」

「全然話せない、アハハ。アンニョンハセヨくらいはわかるけど。英語が話せる子が多いので、簡単な英語でやりとりするんですけどね。でも英語も僕、そんなに話せない」

「アメリカでは上り詰めるときに、『カミン（Coming）』と言います。日本では反対に『イク』。韓国ではなんと言うんでしょう」

「そういえばあんまり聞いたことないですねえ。日本語が流ちょうな子は、『イク』って言うんだけど、演技が入ってる可能性が強い。本当に感じてるなら、母国語が出るじゃないですか。

日本のAVは世界的に有名だから、韓国の女の子たちもAVで見た印象を日本人に強く持つんです。ラブホテルでつけているAV見るでしょう。韓デリの子もお客と会話で何かとっかかりがほしいから、自分からAVをつけて見るんです」

「そこで『イク』って言葉を覚えるんですね」

「そう。それから日本のAVって巨乳モノが多いじゃないですか。日本人は巨乳好きだと思い込んで、韓デリの子って巨乳が多いんですけど、細身の子で胸が大きいのはたいがい（シリコンを）入れてます。韓国は整形大国ですからね、けっこうしてます。

豊胸してるのって、寝ればわかります。仰向けで下から触るとシリコンだからわかる。ごろっとした感じ。韓デリの女の子も言ってますからね。『大きいほうがいいでしょ』って。そこまで改造してまでも日本に来る理由は、向こうで働くより儲けがはるかにいいからですよ」

「避妊もせずに性交するって、病気が怖くないですか？」

「うーん。そのへんはあんまり気にならないんですね。独り身だからっていうのもあるし、彼女がいたり結婚して奥さんがいたりすると、気になってここには来ないし、できないでしょうけど」

「シンジさん、さわやかなルックスで装着する派に見えるけど」

「しないですね。（コンドームを）着けたことありますけど、最初やったのがナマで、その後着けてやったけど気持ちよくないんですね。終わった後の気持ちよさはナマのほうが全然いいです。精神的満足感もあるし。出してやったという征服感と、挿れてるときも感触が違いますから」

「最近のスキンは超薄型です」

「でも僕は厚さじゃないと思うんです。着けているのと着けていないのとでは、精神的にも全然違いますよ」

「たしかにナマじゃないとイヤだっていう男はいますよね」

「僕ら世代より下は、ナマじゃないとイヤっていうのが多い。僕が働いていたお店でバイトしてる女子大生たちも、『彼氏とするときは着けない』って言ってました。その若さで怖くないの？　って聞いたら、『そこまで考えてないです』って。したいときに（セックス）するから、いつも（コンドーム）持っているわけではないので、着けないですするんでしょうけど、合理的なのか無謀なのかよくわからない。今の子たちはすごいな」

「シンジさんが感心してる場合じゃない。それにしても、実は、着けないほうが感触がいいという女性も相当数いるんですね。ゴムで挿入されたときとナマの感触とでは、男ではわからないのかも」

「そうですね。わからないですからね。途中抜いたりするとゴムが乾いて、女性が痛く感じるんですよ。セックスを楽しむことを考えると、無いほうが全然いい。……って昼間から俺たち、何話してるんだろう。アハハハ」

されど、HIV問題もあるのだから、ここは理性でやはり装着すべきだろう。そう私が諭《さと》すのだが――。

「病気は……なったらそこで考えますね。今は怖くないなあ。うーん、抵抗がないっていうか。エイズも一時期、なったらどうしようと思ったけど、すぐわかることではないし、昔に比べたら不治の病ではなくなってるし、だったらいいじゃないかなって」

シンジさんは、つい最近まで人妻と不倫していた。

「人妻もやっぱり着けないほうが悦ぶんですよ。携帯のゲームサイトで知り合ったんです。ゲーム内でサークルがあるんですよ。あの手のゲームって大学生とか十代の子たちが多いのかなと思ったんだけど、実は主婦とか、男性だと役職の上の人とか個人事業主がものすごく多いんですよ。

ゲームに二十万、三十万使っている人、けっこういるんですよ。無料で遊べるけど、課金されるシステムがあって優位に立ちたいとなると課金するんです。よくこれだけお金使えるなと聞いてみたら、会社三つ経営してるとか、お店の宣伝かねてホストクラブのホストもいたし、余裕がある人ばかりなんです」

そこで出会ったのが三十九歳の専業主婦だった。

「コメントやりとりするから、仲良くなるんですよ。会いたいという願望が出るじゃないですか。紹介とか会いたいというのは一応、ゲームサイトでは禁止されてるんですけど、裏があって色々やりようがあるんです。コメントに何回か連絡先を分けて書くんです。見たらすぐ消す。管理する会社も二十四時間ずっと監視しているわけではないので。書き込んで、すぐメモとって消すんです」

最初はグループで食事に行った。

シンジさんより六歳年上、ハーフのような顔立ちで、亭主は六十に手が届くタクシードライバーだった。ファザコンの彼女は、二十代のうちに二十歳以上離れた今の夫と結婚した。子どもは二人いる。

「最初会ったときは何もなく終わったんだけど、そこそこ綺麗な人妻で、向こうも僕のことといいと思ったらしくて、後日会うことになったんです。そういう期待はどちらにもあるんでしょうね。

池袋駅北口のラブホテルに入りました。真っ昼間から部屋も満室です。前の日に泊まった若いカップルとか、飲み屋の姉ちゃんとか、真面目そうな六十代の男女とか」

人妻とは避妊もせずに肉交を重ねた。

人妻はシンジさんを束縛し、メールも電話も毎日要求するようになった。束縛を嫌う自由人のシンジさんは、「面倒くさくなってきて離れました」と言う。

「独身主義ではないけど、彼女と別れてから、付き合うとか面倒なんですよ」

シンジさんに、韓デリ遊びのポイントを尋ねた。

「電話で店の人に、自分がしたいことを素直に言うことです。例えば『スリムでナマでできる若い子』とか要望を恥ずかしがらずに具体的に言うんです。『じゃサービスいい子つけますから』って店が言うのは、だいたいナマＯＫ。チェンジもできます。ただね、女の子に言うんじゃなくてお店に言うんです」

午後の日差しを浴びて、シンジさんが鶯谷を歩き出した。

「今日、せっかく来たんだから、遊んでいきますか」

スケベチャイム

小雨に煙る鶯谷――。
この街のホテル街にある風俗店紹介所を覗いた。

狭い店内にはパソコンが並び、鶯谷のデリヘルを紹介している。ワイシャツにネクタイの男性が、手際よく男性客にガイドしている。私を見かけた店員が「上の段は日本のデリヘル、下は韓デリです」とアドバイスする。

私はマウスをクリックして、韓デリのサイトを開いた。鶯谷発韓デリの一覧が開き、店をクリックすると派手派手しい店のホームページが登場する。

デリヘルは、鶯谷の他にも上野、日暮里、巣鴨、大塚、池袋、新宿、渋谷、赤坂、五反田、品川、錦糸町、葛西、といった都内エリアで営業されている。たとえば「錦糸町発二十三区」という書き込みがある場合は、主な派遣先が錦糸町のラブホテルやビジネスホテル、あるいは自宅であって、それ以外にも都内ならどこでも派遣される、という意味である。

二十四時間営業、車で移動するケースが多く、不況風を受けて職にあぶれた腕のいい運転手が多い上に、カーナビの性能がアップしたこともあって、都内全域、だいたい一時間以内で派遣できる。

吉原まで足を延ばす労力もなく、ラブホテルではなく自宅でも夜中に呼べるとあって、デリヘルは新風営法以降、猛烈な勢いで成長した。

手と口だけでいかせるデリヘルもあり、素人女性にとっても働きやすい職場である。

一昔前は、最後までできるデリヘルは五十分三万円近くしたものだが、デフレの波はこの世界にも及び、現在は二万円以内で最後までできるほどになった。

なかでも「鶯谷発」デリヘルは、「過激」を意味し、人気を博する。

先ほど店員から店を案内された三十歳前後の男は、傘をひろげて鶯谷の街に消えていった。

私は韓デリを検索する。

この前、北口広場で直撃した三十五歳の独身エンジニアが証言したように、どの韓デリもみな似たような顔つきの女の子ばかりだ。

まるでアイドルのように目が大きく、まつげが長く、卵形の顔立ちで顎が細い。全員がほぼ同じ顔をしているので、人造人間のような異様さを感じる。画像編集ソフトで簡単に写真修正ができるとあって、パネルマジックがまかり通っているのだ。

日本人の巨乳好き、という半分間違った認識からか、韓デリのほとんどの子たちが九十センチ以上の巨乳だ。

紹介所の店員がアドバイスする。

「韓デリは今、すごく人気がありますよ。若くて綺麗な子が多いですからね。でもまあ、写真は信用しないほうがいいです。いじってますから。見るんなら動画ですね。

それから女の子のブログ写真、こっちのほうが信用できます。韓国の女の子は、指入れを嫌いますから。あとクンニはあんまりやらないほうが。恥ずかしがるんです」

店を出て「ドトール」で休憩し、また外に出て、先ほど選んだ複数の店に電話を入れてみた。

クールで目力《めぢから》のあるアイという女性を選び、店に問い合わせてみた。すると——

「アイは先週、韓国に帰りました」と、韓国語訛りの日本語で男が返答した。

私は第二志望を指名、すると予約がとれた。

仮にケイと呼んでおこう。元ＡＫＢ48の板野友美に似た子だ。

時間をおかず鶯谷のラブホテルに入室して、ケイの到着を待つ。

毎夜、Ｋ－ＰＯＰをユーチューブで聴いている私であるが、アンニョンハセヨとカムサミダ、マニマニ、ノムノムくらいしかわからない。

部屋に入ってケイの到着を待つ。

部屋のチャイムが鳴るまでの短い時間は、何度体験しても胸ときめくものがある。

ホテルに先に入室してから十五分程度で女の子は到着するのだが、はたして韓デリ初体験ではどんな子が来るのか。

パネマジの実態を思い知らされるのか、それともシンジさんやあのエンジニアのように韓デリの魔力にハマるのか。

そろそろやってくる頃だ。

スケベチャイム。

来た。

ドアを開けると——そこには……。

板野友美似ではない。誰だろう。似たような……少女時代の末っ子・ソヒョンを一回りふっくらさせたような子だ。写真に偽りありだが、そんなに悪くない。

他の女の子を再指名する、いわゆるチェンジもしないで、私は談笑する。

時間は二時間たっぷりある。

ナマ率八〇パーセント

「ケイちゃんは、いつ日本に来たんですか？」

「わたし……三週間前、来ました」

「韓国でお仕事は何してたんですか？」

「ナーシ」

「ナーシ？」

「ナーシ」

韓国語か？　いや、英語だろう。

「ああ、看護師さんね？」と私が確認すると、ケイちゃんは「はい」と頷《うなず》いた。韓国人と日本人では英語の発音も微妙に異なるのだろう。

世間話をしようとするが、来日三週間目ではなかなか日本語も通じない。

「ワイパイ、ワイパイ」

ケイちゃんはサムスン製のスマートフォンを手に取り、窓際にW－i－F－iを置いた。

「好きなタイプは？」

私の質問に首をかしげ、「これに話して」とスマートフォンを向けた。

自動翻訳機だ。電波事情が悪く、調子が良くない。

私はノートを広げて、筆談でことを進めることにした。すると話がわりと進むようになった。困ったら、とにかく絵で説明だ。

「誰のファン？」

私の質問がやっと通じたのか、ケイちゃんは嬉しそうに「ニノニノ」と言った。

「ニノ？」

「はい。ニノ」

「ああ、嵐の二宮君」

「はいー！　大好きです」

意外な答えだった。

私が「コリアの男性歌手はみんなマッチョ、大きい。東方神起とかBIGBANGとか。ヨン様も」と言うと、ケイちゃんが不満そうな顔になった。

「ヨン様、好きじゃない。可愛い男の子が好き。マッチョは嫌い」

スマートフォンには二宮和也の写真が、数え切れないほど保存されていた。どうやら日本人向けのリップサービスではないようだ。

一緒にシャワーを浴びる。

ケイちゃんは持参したボディシャンプーを使い、体を洗ってくれる。

湯船に浸かる。

ケイちゃんはシャワーを浴びるだけだ。

「入らないの？」

「はい。お風呂、入らない」

聞けば、韓国、なかでも若い世代はシャワーだけで済ませるという。風呂に浸かって温まるという習慣はないそうだ。それに似た話は以前、どこかで聞いたことがあったが、事実のようだ。お隣同士の国で、しかも日本より寒冷地帯である韓国なのに、湯船で温まるという風習がないのは不思議ではある。

日本語も韓国語も似て非なるものだし、同じ東アジア圏にあっても国が違うと文化も大いに異なるのだ。

ベッドに移動する。

「寝てください」

真ん中に仰向《あおむ》けになると、舌と指が全身を這う。そのぎこちなさがかえって新鮮で欲情を刺激する。

立場が逆転して、断固、ゴム装着を貫徹し、行き過ぎた国際親善を敢行する。嫌がることもしないで、素直にプレイをこなす。全体的に、日本のデリヘル嬢にしばしば見られるすれた感覚がなく、素人的である。そこがまた人気を集めるのだろう。

「アポジ（お父さん）、オモニ（お母さん）、元気。仲いい。でもお店うまくいってない。わたしが稼ぐの」

額面通りに受け取ると、親孝行の娘さんではないか。

ソウル・オリンピックのあった一九八八年夏、ソウルに行ったとき、知人の民家に泊めてもらった。そのとき、この家の息子は延世《えんせい》大学の学生で、学生運動に熱心だった。家に帰って、父と政治のことで激しく論争を交わす。まるで六〇年代後半、学生運動が吹き荒れた日本のような光景だ。

激しく言葉をぶつけあい、途中でこの家の父が、「まあ、そう言わず、ちょっと一杯いけ」とビールを差し向けると、今まで親父に論争をふっかけていた息子は急にあらたまり、立て膝をつき、部屋の隅に移動し、片手でグラスを隠しながら飲み干した。

韓国は儒教国家ゆえに、少しでも目上の人間の前では素直にかしずくのがエチケットとされる。息子の飲み方は、目上の人と一緒に酒を飲み交わす際のマナーであった。親の命令は絶対だ。だから親孝行をするのは最大の善行とされる。ケイちゃんは、父親の経営する飲食店を建て直すために、日本に出稼ぎに来ているという。

「わたし、二十二歳、韓国では二十三歳」

韓国は日本の戦前のように数え年で数えるらしい。

満年齢と数え年の違いだ。

私が小学生の頃、年齢を言うときに「満七歳です」と必ず年齢に「満」を言うようにと教えられた。戦前、日本は数え年で年齢を数えていたので、生まれた年をすでに一歳としてカウントする。

だから、誕生日が来たら一歳増やす満年齢に慣れていない戦前派の大人たちにわかるように、「満」という言葉を付けたのだろう。

「初めてエッチは十八歳、相手は十九歳、彼氏です」

韓デリで客と性交するときの非装着率は、十人中八人、と証言した。

「付き合ってきた彼氏とするとき、やっぱり着けない。ピル飲んでます」

「わたしは三十歳くらいに結婚したいです。韓国では三十歳、四十歳で結婚するのも、珍しくないです」

どの国も晩婚化のようだ。

ケイちゃんが退出するのを見送る。

チップ千円を渡そうとすると、いいですいいです、と断ってくる。それでも握らせると、ケイちゃんが微笑んで、カムサミダと礼を言った。

日韓のセックスの違いとは

翌週、自宅のパソコンで韓デリサイトを検索し、店に連絡を入れてみる。

サイトは本日も板野友美に似た子ばかりで、九割方が豊満な胸をしている。

私が指名したのは、細身で脚の綺麗な二十歳。仮にユナとしておこう。

大雨の降った後、鶯谷のホテルにチェックイン。

またもや一人で韓デリ嬢のやってくるのを待つ身になる。何度経験しても、待っているこの時間帯というのがなんともいえない。

十五分経過。

スケベチャイム。

ドアを開けると——

やっぱりパネルマジック、写真とは別人が立っている。

もっとも、別人といっても、写真が元ＡＫＢ48の板野友美なら、ドアの前に立っているユナは、ＫＡＲＡのハラ風である。

「ホントは二十一です。韓国では二十二」

ユナとシャワータイム。

「オッパァ。泡つけて」

ユナが持参したボディシャンプーを私の手につける。その際、目が悪いのか、異様に近い距離で私に密着させて体を洗う。

「オッパァ、お風呂」

オッパ、とは韓国語で、親しい年上の男性に対して、あるいは恋人に対しての「お兄さん」という呼称である。ユナが「オッパ」と私を呼ぶときには、「オッパァ」と甘えた口調になる。

ユナも湯船に浸からない。

韓国の若い世代はシャワーだけで済ます、というのは事実らしい。

「日本には先週来ました。学生です」

「日本語、上手ですね」

「日本のマンガ、大好き。日本語、マンガで覚えました」

ユナの携帯には、日本の人気マンガ画像が大量に保存されている。

先日のケイといい、日本に来る韓デリの子たちは親日家が多いのだろう。

韓デリのユナ

「寝てください」

この流れは前回と同じだ。

ぎこちなく舌と指を這わせる。

手抜きもせず、愚直なまでに行為をこなす。この手抜き無しの感覚が韓デリの売りなのか。

「日本では気持ちいいとき、『イク』。アメリカでは、『カミン』。コリアではなんて言うのですか？」

ユナは、人差し指を口につけた。

「コリアのエッチスタイルは、お話しない。黙ってしますね」

日本のように、感度を尋ねたり、耳元で淫語をささやく行為は、韓国ではやらないらしい。

断固装着派にして、今回も行き過ぎた国際親善を貫徹す。

反応は日韓変わらず。

相違点といえば、やはり素人くささ。素直な点であろう。

紹介所の店員がアドバイスしていた留意点であるが、それほど嫌がることもなかった。ただし恥ずかしそうだったが。

しばし歓談。

私の冗談にコロコロと笑い、ネコの手のように私の肩あたりをポンポンと叩く。どこかで見た仕草だ。Ｔ－ＡＲＡのポピポピダンスの仕草に似ている。

「日本のエッチスタイルは前戯が長いです。韓国、短いです。すぐ挿れます」

両拳をぶつけあう。ピストン運動の意味か。

「韓国エッチ、挿《い》れてる時間、長いです」

「どれくらい？　ハウロング？」

「三十、四十分」

「そんなに？」

「はい。あんまり濡れないで挿れるから、痛い」

ユナはさらに日韓の違いを教えてくれる。

日本独自の建物であるラブホテルに関して質問した。外国ではラブホテルが無いという。駅の近くや繁華街にラブホテルが建っている日本の光景は、外国人にとって異様に映るらしい。

「最近、韓国でもラブホテルができたって本当ですか？」

「はい。でも遠くにある。日本みたいに駅の近くにないです」

そしていたずらしたときの子のような微笑を浮かべた。

「コンドーム、日本のラブホテルは二個、韓国三個です」

ということは、韓国の男たちは平均三回はしているということか。予備に備え付けているとしても、少なくとも日本の男たちより回数は多そうだ。サッカー韓国代表の、残り十分をきってからの粘りは神がかり的である。

大丈夫か、日本。

親日の韓国アガシ

ユナはドラえもんから始まって、赤塚不二夫の一連のギャグ漫画、手塚治虫の名作の数々の感想を話した。韓国でもマンガは人気があるけれど、日本のマンガはもっと人気があるという。

私は『新潮45』に「ぼくらのベストセラー」という不定期連載を書いている最中で、手塚治虫をはじめとした漫画家の創作の裏話をずいぶん聞けることができた。その話をすると、ユナは真剣な表情で聞き入るのだ。

「オッパァ、よく知ってますね」

タオルをとってきたり、コップに水を入れて運んだり、そのたびに「オッパァ」と甘えた声を出す。献身的な姿は、昨今の日本の風俗ではあまり見かけられない。

コンビニでアルバイトするアジア系留学生は、日本人以上に丁寧に接客する。おつりを渡すときも、手で客の手を包むように、そっと渡す。おそらくマニュアルがあるのだろうが、それを日本人以上に忠実に守っている。

きっと韓デリにハマッている男たちは、コンビニでそっと手を包むときの優しさにも似た感触に熱をあげているのだろう。

「妹とわたしの学費、稼ぎます。うち、そんなにお金ないです」

「いつ、コリアに帰るんですか？」

「もうすぐ」

ユナが初めて暗い顔になった。

韓デリの子たちは、ビザ無しで滞在可能期間の三ヵ月間めいっぱい働くのだが、ユナは一ヵ月で帰国するという。

「日本、プライバシーないです。この部屋でエッチする。それがすぐ書かれてしまう」

ユナがしきりに「コメン」「コメン」と言う。

「コメン？」

「そう。コメン、ひどい」

コメントと言っているのだろう。韓国と日本の英語発音の差である。

「この部屋でしたことはプライバシー。それが出てしまいます。悲しい」

ユナはつぶやいた。

「日本好きだけど、嫌いになって帰る子、多い」

せっかく親日家でやって来たのに、嫌日になって帰るのは見過ごすことはできない。

未装着で性交する客はどれくらいいるのか、尋ねたところ、十本の指を私が示すと、ユナは私の指を八本折った。

十人中八人はナマ、ということだ。

「あ、オッパァ、もうこんな時間」

話に夢中になって、百二十分があっという間に過ぎ去った。

「オッパァ、こんなに話したの、初めてですよ」

つい話し込んでしまった。

韓国式のゆびきりで

ユナに、なんとか日本にいい思い出を抱いて帰国してもらいたい。

親日家が一人、地上から消えるのは悔しいではないか。

私は知り合いの編集者に頼み、ユナが興味を持っている昔の名作マンガの総集編をいくつか安く買い求めた。

それをもって再度、ユナのいる店に指名を入れた。

翌週、鶯谷のラブホテルにチェックイン。

帰国する直前、はなむけにささやかなプレゼントを贈呈することができそうだ。ユナを待つあいだ、しばしの休憩。何度も体験するこの時間帯が好きだ。

スケベチャイム。

ドアを開けた。

すると、ユナがきょとんとした顔で立っている。

「オッパァ？」

驚いた顔のまま、入室した。

「オッパァ？　ちょっと待ってて」

チェックインしたことを店に伝えるユナ。

携帯で話すのは母国語だ。

会話から判断すると、店のスタッフがユナに、私がまた指名したことを伝えなかったようだ。

携帯を切ると、ユナがしがみついてきた。

「オッパァ、オッパァ」

長いストレートの髪からほんのりと甘い香りを感じながら、私は持ってきた総集編のマンガを入れた紙袋を手渡そうとした。

「え？　なんですか？」

不思議そうに覗き込む。

手にとって開くと、食い入るように読み出す。

「プレゼント。韓国へ帰るときの土産《みやげ》」

ユナはしがみつき、「オッパァ、オッパァ！　ありがとう、カムサミダ！」と繰り返した。

そしてまたマンガを読み耽《ふけ》る。

心底嬉しそうに、読んでいる。

「仕事大変？」と私が尋ねると、ユナはうなずいた。

「これ、知ってます？」

携帯画像を開いて私に見せる。

奇っ怪な物が写っている。

リング状の物体の周囲に突起物がいくつも付いている。それが三つ。なにやら淫猥なもののようだ。

「これ、あそこに付けて……ガシガシ！」

ユナは拳をぶつける仕草をした。

リング状の物を陰茎に三つ装着するアダルトグッズは、初めて見た。

「痛い」

ユナの狭い構造をこんなものが出し入れされるのだから、痛いのだろう。装着した客は六十代後半らしい。奮《ふる》い立たせることが難しくなりだすと、この手のグッズを使うものだ。

「これ昨日、撮ったです」

ユナは初めて見るモノがいったいなんであるのか、あとで誰かに聞いてみようと撮影したという。

こんな奇っ怪なモノで毎夜、責められたら、いくら稼げるからといっても帰国したくなるだろう。

私が贈呈したマンガ本も焼け石に水か。

「あ、オッパァ。わたし、あと二ヵ月いることになったです」

やはり稼げるから、めいっぱい滞在しようと思い直したのか。このまま別れてしまうのも、心残りがしていた私は、ほっとする。

前回同様シャワーを浴びて、装着し、またもや行き過ぎた国際親善となった。

「洗濯溜まって大変。友だち二人と一緒に暮らしてるから。入谷のコインランドリー行くけど、漢字でわからない」

ハングル語は漢字とは関係性が薄いようだ。

日暮里にある寮で、仕事仲間の女の子と三人暮らしだという。スマートフォンの自動翻訳機能を使って、会話を補う。ユナはこの他にもう一台、旧型携帯《ガラケー》を持っている。

「携帯番号、教えて」

私は無理を承知で尋ねてみた。

すると意外なことに、ユナは簡単に、はい、と答えた。

目の前で教えてもらった番号にかけてみると、旧型携帯が鳴った。店が貸し出した仕事用の携帯だろうか。ユナと繋がった気がして、半分満足する。

「好きな男性ですか。いませんよ。こんなアルバイトしてると。好きなタイプ、映画スターとか歌手、そんなに好きな人いません。マンガキャラクター、好きです。『うる星やつら』の諸星あたる、好き。のび太も好き」

どうやらダメ男が好きな女子らしい。

「オッパ。今度、まんだらけ、連れて行ってください」

ユナは、中野ブロードウエイにあるマンガ専門店の名前を口にした。

月に数回通っている私にとっては、ユナの頼み事を実現するのはたやすいことだ。

「わかった。約束」

私はゆびきりげんまんをしようとした。

しかし、相手は日本人ではない。ゆびきりの意味もわからないだろう。
するとと、ユナは右手を出した。同じように小指を曲げてこちらの小指とからませた。日本式が通用するのか。

「ゆびきりげんまん、嘘ついたら針千本飲ーます」

私が節をつけて歌うと、ユナは「それじゃ怖いです」と笑った。

そしてあのネコパンチのような仕草で軽く私の肩を叩く。小指をからませた後、親指同士を押し合い、ユナは両手で私の右手をはさみ、コピコピと言いながらさすった。

「韓国式ですよ」

親指で押し合うのはハンコの意味で、両手で何度もさするのは、契約書を二枚コピーして、互いの約束を確認しあう意味らしい。

日本式に比べると念入りな約束の仕方だ。指をからめたりさすったり、相手と濃厚な接触をするやり方は、あっさりした日本式にくらべると、何事にも熱い国民性を感じる。

私は面白がって、もう一度韓国式のゆびきりを求めた。

小指をからめたら、次に拇印《ぼいん》を押すように親指同士を押し合い、ユナが両手で私の手を優しく撫でる。

「コピコピ」

鶯谷の取材は順調に進みつつあるかに見えた。

その合間、ユナから教えてもらった番号にかけてみたが、いつも留守だった。留守録に吹き込んでおこうと思ったけれど、店の携帯だった場合は店長も聞くだろうと思い直し、吹き込まずにいた。

何度か試してみたが連絡がとれないので、私はユナの店に電話して、指名しようとした。

「ユナさん、指名したいんですが」

電話の向こうで在日コリアンの男性らしい無愛想な声がした。

「あいにくですが、ユナさん、辞めました」

第三章　人妻の聖地——鶯谷

女が消えた。

私の携帯にはユナの旧型携帯《ガラケー》の番号だけが残された。

おそらくは店から支給されたもので、プライベート用の携帯は自動翻訳機能のついたサムスン製のスマートフォンだろう。

何度かユナの旧型携帯にかけたが不在だったので、私は連絡を取るのを諦めた。

この本は、何も韓デリだけを取り上げるのではない。大いなる心残りがあったが、次に取りかからなければ——。


鶯谷は人妻・熟女のメッカである。

鶯谷駅北口広場では、今日も今日とて、男たちが点在している。

彼らが待っているのは、デリヘルの女たちだ。人妻、巨尻、巨乳、超熟女といった様々な女たちが、寂しい男たちの相手となる。

韓デリに負けず劣らず、人妻・熟女系デリヘルでは回数無制限、ナマという誘惑が待ち受けている。

風俗だけではない。

この地で密生するラブホテルには、夫や子どもを持つ人妻が吸い込まれていく。彼女たちはデリヘルで働く人妻ではなく、愛人と密会中の人妻である。駅のすぐ目の前がラブホテルということは、移動に時間もかからないために、時間に縛られる人妻にとって格好の密会場所になる。

私は過去に仕事や私事で知り合った鶯谷に関わりを持つ三人の人妻を選び、あらためて彼女たちから話を聞き出そうとした。

鶯谷を横グラフにして縦グラフに時間軸を想定するなら、彼女たちはこのグラフを自由に遊泳する生命体であった。

鶯谷の人妻デリヘルと吉原ソープで働いている埼玉在住、三十七歳の人妻。

介護福祉士をやりながら交際クラブで知り合った愛人と鶯谷で密会してきた千葉在住、四十歳の人妻。

近所のカフェでアルバイトしながら、複数の愛人と交際中の横浜市在住、四十二歳の人妻。

今年になって携帯電話の機種変更をしたのが間違いだった。

うっかりしてメールの送受信履歴を新機種に移さなかったために、しばらくメールのやりとりをしていなかった相手のアドレスは不明になり、相手からのメールを待たなければならなくなった。

三人の人妻たちのなかでも、本書にもっともふさわしい奥さんといえば、鶯谷の人妻デリヘルと吉原ソープで働いている埼玉在住、三十七歳の人妻だった。鶯谷を根城とするデリヘルと、吉原に出勤する際、毎日のように鶯谷駅南口ロータリーからタクシーに乗車する奥さんなので、鶯谷を抜きにしては語れない。

仕事上の呼称で真裕美《まゆみ》と呼ばれるこの奥さんとは、『やってみたら、こうだった〈人妻風俗〉編』（宝島SUGOI文庫）を読んで、私に感想のメールをくれてからの交流だった。

この文庫は、山手線大塚駅周辺に蝟集《いしゅう》する人妻・熟女ホテヘルで働く人妻たちの生態をレポートしたもので、真裕美さんもまた鶯谷の同じような店で働く奥さんだった。

「わたしと似た奥さんがこんなにいたなんて、勇気づけられました」

夫に内緒で二種類の風俗で働く真裕美さんから、鶯谷の今を語ってもらおうとしたのだが、こちらからメールが送れなくなり、真裕美さんからのメールを待つしかなかった。

かろうじてアドレスのわかる他の奥さんをあたることにした。ところが、いくらメールを送っても返信は来ない。

亭主に気遣って返信しないのか、それとも人妻にありがちな気まぐれで、もう連絡する気がなくなったのか。

本書を書くにあたって、もっとも重要な人妻たちが行方知れずとあっては、せっかくの企画も頓挫したに等しかった。

原稿の締め切りは待ってくれない。

メールが来るまで待つ、受け身のつらさ。

本書の成立を危ぶみだしたとき、朗報が届いた。

真裕美さんからだった。

小学四年生で予期したこと

私は迷わず再会の場を鶯谷にした。

平日の午前十一時、鶯谷のラブホテルが取材現場となった。

陽光に浮き上がるラブホテル街は、さすがに人の通りが少ない。時々足早く通り抜けるスーツ姿の男たちは、言問通り沿いのオフィスビルで働く会社員だろう。

「あ、ここにします？　わたし、デリのとき、たいていこのホテル使ってるんです」

真裕美さんが私の背中を押すようにして、チェックイン。ホテルの狭いロビーで、夕べ泊まったであろう大学生風の男女とすれ違う。

私たちは室内に入ると、再会を祝した。

「ごめんなさいね。盲腸になっちゃったんですよ。なんだかんだで一週間入院して、ゆっくりできたからよかったんだけど」

長身、長い黒髪が青いスーツと絶妙なコントラストを描く。細面《ほそおもて》の顔立ちと相まって、品のいい専業主婦に見えなくもない。際立つのはスーツの胸の辺りがはち切れそうなことだ。高校生の頃はIカップはあったという。

「真裕美さんの盲腸炎って、働き過ぎだからでしょう」

「うーん。そうかもしれない。最近復帰したんですよ。見ます？（スマートフォンで真裕美さんが在籍している人妻デリヘル店のホームページを開く）これお店の写真。店名には〝鶯谷店〟って付いてるんだけど、わたしたちがいる待機所は鶯谷駅から二つ目の御徒町《おかちまち》にあるんですよ。指名が入ると御徒町駅から山手線に乗ってここまで来るの。他にも池袋店、錦糸町店、上野店ってあるんだけど、待機所のある御徒町から行くんです。これわたし」

真裕美さんは店の在籍女性コーナーを開いて見せた。

「見てもわからないと思う。わたしってわからないでしょう。ほとんど修正です。女の子と待機場で会うじゃないですか。わからない。名前言われても、え、あの写真の子？　ウフフ。この子、目がくりっとして可愛いんですよ。実物は……え？　写真はすごい顎《あご》削ってる。初めてのお客さんは、びっくりですよね。でも常連さんは慣れてるから、『今日は当たったよ、ここは修正がすごいからな』って余裕ですよ。

知ってます？　わたし、ここだけじゃなくて錦糸町の別のホテヘルでも働いていたんですよ。ホテヘルとデリヘルの違いは、ホテヘルはホテルだけに派遣される。デリはお客さんの家にも行くんですよ。それからお店を始めた時期によって呼び名が異なる。新風営法でできたお店はデリヘル。それ以前はだいたい昔の呼び名でホテヘルって言ってるんです。やってることは同じですけどね」

「ということは、真裕美さん、全部でいくつ掛け持ちしてるんですか？」

「三軒。鶯谷の人妻デリでしょ。錦糸町のホテヘルでしょ。吉原のソープ。三軒掛け持ち。ほんとはね、もう一軒在籍してたんだけど、盲腸になったんで辞めちゃった。さすがに四軒はきついから。アハハハハ」

「三軒でもきついですよ」

「大丈夫ですよ。けっこうネット指名が来るんですよ。デリでは公称三十四歳でやってる。吉原では二十代でやってます。アハハハハ。〝吉原年齢〟って言うんですよ。『何歳？』って聞かれたら、『永遠の二十四歳』。吉原はオール二十四歳なんですよ。四十歳でも、二十四歳。写真も修正修正！　とにかく若いほどいい。お客さんもそれ知っているし。

女の子と実際に会ってみると、まったく違うっていうことはお客さんも慣れてるし。

ソープの個室で対面するじゃないですか。『わたし、真裕美です』って言うと、お客さん『よかったー、そんなに違っていなくて』ってほっとしてるの。アハハハ」

私は質問してみた。

「鶯谷や大塚の人妻・熟女デリヘルでは、あえて実年齢より上を言う、逆サバの女もいるじゃないですか。マザコン専用の熟女デリが最近人気を呼んでるし、若ければ男が悦ぶっていうのは過去の風俗業の固定観念であって、今どきの男たちは、ただ若いというよりも酸《す》いも甘いもかみ分けた熟した女が好き、という……」

「そうなんだけど、吉原は古いんですよ。考え方が」

「善《よ》くも悪くも古典芸能のようなのかな」

「そうそう。でもわたしみたいに結婚してる女が働くのは、吉原は安心なんですよ。お店がガードしてくれるから」

真裕美さんの両親は若くして結婚し、母親は十八歳で真裕美さんを出産した。

両親はともに九州北部の出身で、母は幼い頃からピアノを習う良家の子女であり、父は地元のヤンキーだった。

「父は車好きなんですよ。今も集まりがあるとお父さんの仲間たちが車でやってくるんです。右翼の街宣車に乗って来る仲間もいるんだって。アハハ。お母さんは可愛いですよ。うん、やっぱり胸大きい」

「真裕美さん、なんでそこまで稼ごうとするんですか」

「小さいときから言われてきたからね。お父さんが『お金は大事だぞ』って。だから高校からずっと貯金してきたんですよ。バイトばかりしてました。結婚するときも、『好きだとかじゃなくて、肝心なのは金だからな』って言われたんですよ。『おまえのダンナが飲みに行くときだって、けちけちして少ない金渡すなよ。無かったら俺が渡すからよ』って言ってくれたんですよ。お父さんは二十二歳で運送会社つくってやってきましたからね。ときには資金繰りがうまくいかなくなって夜逃げ一歩寸前までいったって。お母さんと知り合ったのもその頃で、ナンパですよ。駅前で。お嬢様だから免疫がないんですよ」

　真裕美さんの胸が大きくなりだしたのは、小学四年生だった。

「胸、よく揉まれましたねえ。トイレで男子から勃起したおちんちん見せつけられましたよ」

「胸が大きくってイヤじゃなかった？」

「これで稼げるじゃんって思った」

　処女喪失は中学三年生、相手は同級生だった。

　たたき上げの父は娘に対して高校に進学するようにと進言することはまったくなかったが、母がせめて高校だけでも、ということで東京郊外の私立女子高校に進学した。

格子柄《こうしがら》のスカートと紺色のブレザーは、真裕美さんによく似合い、朝の通学電車ではしばしば痴漢に襲われた。

「何人もいるんですよ、狙ってくる常習者が。わたしは腕を取ったり、つねったりして撃退するんだけど、それでも同じ奴が痴漢してくるんですよ。ここから(胸を触って)こうサワサワ、いつも触ってくる。頭きたから、友だちと連携しておっぱい触った瞬間、友だちと挟み撃ちにして、『訴えていい?』って。そしたら『ごめんなさいごめんなさい』。友だちと二人で、『免許証見せなよ』って次の駅で降ろしたんですよ。嫌がるから、『だったら警察行きましょ』って言うと、『それだけは勘弁してください』って言って、やっと免許証見せた。男は二十六歳。ちゃんとした会社のサラリーマンで、結婚もしてて子どももいて。わたしの友だちが『お金、いくら入ってるの?』って言ったら、男は財布出して『これで勘弁してください』って五万円出しました」

高校時代に、田園調布のプール付き豪邸の中年男と、最初の援助交際を体験した。貸金業を営むこの男、二子玉川《ふたこたまがわ》にもマンションを所有し、週末になると女子高生を呼び、行き過ぎた交際をしていた。

「広いリビングに、ゴルフ仲間のおじさんと並んだ写真があるんですよ。遊び仲間で政治家なんですって。『今度よかったらこの人と遊んでやって』って言われた」

ゴルフ仲間のおじさんは保守系政治家で、教育勅語を復活させて家族の絆《きずな》を強め、親と子どもの繋がりを大切にしようと、憲法改正を唱えている。

「わたしは遊ばなかったけど、友だちがおじさんの相手したって」

「それだけ胸が目立つと、街を歩いていても声かけられるでしょう」

「そうですねえ。高校三生のとき、いつも駅でナンパしてくる男がいたんですよ。四十歳くらい。ある夜、誰かがお風呂場を叩くんですよ。ちょうどお母さんが入ってて『誰か叩いてるんだけど』って怖そうに言うんで、ドア開けたら、そいつだった。『おねえさん、おねえさん』って気持ち悪い。『後つけてきちゃってすいません。おっぱい触らせてください』って、図々しいの」

「まさか触らせてはいないでしょうね」

「少し触らせた。アハハ」

この場合、男の要望を断ったら、どうなったのだろうか。真裕美さんの選択は正しかったのか、よくわからない。

「もう来ないでって言ったら、それっきりになったんです。あとね、カマロって大きい車あるじゃないですか。駅前に停まってて声かけてくるの、若い男。二回目声かけてきて、『話そうよ』って言うんで、車に乗っちゃったんですよ。それでドライブして、そのときはおっぱい触られただけだったんだけど、翌週また声かけてきたんで、車に乗って今度はやっちゃったの。そのときはお金取らなかった。お金取ったり取らなかったり。

コンビニ行ってくるって家を出ていって、コンビニでナンパされてその男の部屋がコンビニの横のマンションで、そこでやって帰ってきたこともあった。お母さんが『ずいぶん遠くのコンビニ行ったのね』って言うんで、『友だちに会ってさ、話し込んじゃって』って」

胸同様、性格もおおらかなのだろう。

二十代後半のとき、友だちの紹介で建設会社社員と結婚した。

「今日も家から駅までダンナに送ってもらったんですよ。真面目、けっして他人の悪口を言わない。優しい。だからこの人がいいと結婚したんです。見ます？」

真裕美さんが携帯に保存されている画像を開いた。つい最近、家族全員で旅行したときの写真だ。夫は少し腹が出ているが、人の良さそうな笑顔をたたえている。

「ご主人は真裕美さんが鶯谷でデリヘルやったり、吉原のソープで働いていることは知らないんですか？」

「もちろん。都内の化粧品セールスレディしてるってことになってるんですよ。昨日もダンナが飲みに行くっていうから、お財布に三万入れてあげたんです。ときどき、親からもらってるって嘘ついてるから、お金の出所は疑っていないはずです」

「なんでそこまで働くのか、いまひとつわからないんだけど」

「お金は必要じゃないですか。独身時代に不妊治療のために三百万円使ったことあるんですよ。そのときのことも影響してるのかも。今、子ども三人いるんですけど、不妊治療したおかげだし。やっぱりお金があったからこそ、子どもを授かったわけだし。いっとき一千万円貯めたんだけど、今五百万円しかない。使い果たした。お金が無いと、顔まで暗くなるじゃないですか」

「何に使うんですか？」

「支払いがいっぱいあるから。毎月四十、五十万円ぽーんと出ちゃう。家のローン、生命保険、太陽光ソーラーパネル、軽自動車二台買っちゃって毎月三万円の支払いもあるし。食費に燃料代。一戸建てで四千三百万円、マックス三十五年ローンですよ」

　たしかに金はいくらあっても足りるということはない。

　関東近郊に親子五人で暮らしている真裕美さん一家は、亭主の知らない稼ぎによって密かに支えられていた。

「自宅から駅まで、ダンナが家にいるときは車で送ってもらって、御徒町駅で降りて待機場で指名がかかるまで待ってるんです。今は不景気だから、待機場に行ってもお茶挽《ひ》くこともありますからね。お客が一人も付かないときは収入ゼロ。近所のコンビニでバイトしてたほうがお金になりますよ」

待機所の人妻たち

駅からほど近いマンションの一室が、真裕美さんの待機所だ。

十二畳の大部屋には広々とした窓がある。部屋はカーテンで仕切られ、十室に分けられている。こたつとテレビがそれぞれのスペースに備え付けられ、真裕美さんをはじめとする女たちは、カーテンで仕切られた空間に待機する。

「みんなのんびりテレビ見たり、本読んだりしてますよ。タバコ吸いたくなったら、キッチンで吸うし。仲のいい奥さん同士は話するけど、あとはあんまり話さない。お話はだいたい愚痴が多いですよね。ダンナの稼ぎが少ないとか、競馬ばかりやってるとか。居心地いいからお店辞めないですよ。女の子はいろいろです。若い奥さんもいれば、バツイチもいるし、四十代、五十代もいるし。偶然だけど、中学時代の同級生が働いてたんですよ。お互い、秘密にしてますよ。お局様《つぼね》は五十二歳で、わたしには『ダンナがちゃんと働いているのに、なんでここで働いているの?』って嫌《いや》み言うの。バツ2みたい。子どもが中学生と高校生で大変そう」

指名が入ると、部屋から出て御徒町駅まで歩いて山手線に乗り、二駅目の鶯谷駅で降りる。ラブホテルは駅北口の目の前だから、真裕美さんにとっては働きやすい。

「でもねえ、鶯谷で一件終わるじゃないですか。次のお客さんがいないとまた待機所に戻るのが面倒くさいんですよねえ。

鶯谷でデリやってる社長と、喫茶店で顔見知りになったんですよ。社長が『頑張ってるね。きみー』って褒めてくれるんです。『お金はあって困らないから、頑張りなさいよ』って。そういう社長のほうが、お店流行らなくなって閉店して、他所《よそ》のお店で運転手しだしたんですよ。もとはどこかのキャバレーでボーイやってきた叩き上げで、儲かるからってデリをやりだしたんだけど、商売って難しいですね」

「流行る流行らないの差ってなんですか？」

「お客さんって、急に来るでしょ。そのために女の子を揃えておかないといけない。大変なんですよ。待機してる女の子もいればいいっていうより、お客さんの評判が悪いとリピーターにならないから。

店長のところの女の子、あんまりサービスがよくないから、わたしが臨時で声かけられて、行ったんですよ。わたしと、店長のところの女の子と、お客さんの3P。その子、プレイが駄目なの。咥《くわ》えてるときに、すぐティッシュで口を拭《ぬぐ》うの。『ちょっとやってよやってよ』って結局わたしに任せちゃうの。3Pとは名ばかりで、わたし一人で相手したようなもんですよ」

鶯谷デリヘルが休みのときは、午前中に鶯谷駅南口ロータリーからタクシーに乗り、吉原に出勤する。

三人の子どもは小学校に通い、塾のある日はデリヘルとソープは早番にしてもらって帰宅して、子どもを送り迎えする。

「うちのソープの基本単位は六十分、八十分、九十分。六十分二万円だけど、割引券で一万七千円。安いでしょう。今度試しに来てくださいよ」

「ソープってそんなに安くなったんですか？」

「もっと安い店ありますよ。激安店で五十分一万円。そこは若い女の子ばかり。マット無しで、すぐやって終わり。今の主流は百分三万円コースですね。割引で二万八千円。わたしは割引コース一万七千円で一万一千円バックでもらえる。そこから雑費が引かれるんですけどね」

「ソープもデフレですね」

「そう。でも金曜・土曜ってお客さん入りますよ。夕方六時から夜十二時上がりで、四、五万はいくから。デリもお正月明けなんてものすごく忙しくて、一日通して八、九本普通にあるから。チップもらったら一日十万円以上になるし」

真裕美さんの今年の十月までの収入は、およそ八百万円。この調子だと今年度の年収は一千万円に達するだろう。

自分の乳房で将来稼げると小学四年生のときに予期したことが、現実化した。これも夢の達成である。

家計を陰から支える真裕美さんは、亭主にとって聖女か悪女か。

「夜道を歩いていたら、サラリーマン風が声をかけてくるんですよ。『二万でどう？』って。『わたし？　いいわよ』って」

路上ナンパでも、真裕美さんのタイプならその場で商談が成立する。

「ああー！　人に言えないこと、全部話すとほんと、すっきりしますね。秘密は自分の胸だけにしまっておくことってできないですね。いいですよ、どんどん書いちゃって。ダンナは活字読まないから」

「ご主人とは、夜のほうはどんなペースですか」

「先月しましたよ」

私は働き者の奥さんに、ぜひ聞いておきたいことがあった。

「それだけいろいろな男を見てきて、ああ、男ってバカだなとか、可愛いなとか、男性観が変わりませんか？」

「本橋さんだから言うけど、なんか男ってみんなこうなんだって思っちゃう。信じられる人間はダンナしかいないですよね」

「ご主人が浮気したら、ショック？」

「ショックですよお」

「あなた、亭主のこと言えない」

「そうそう。でもわたしはほら、恋をしようとしてるわけじゃないし、お金を稼いで家族を養うわけだから。今までおおざっぱで生きてきたから、サラリーマンと結婚して、ちびちびやっていくのがイヤなの。それまで、『なんか欲しいか』って、お父さんが買ってくれたでしょ。ちびちび稼ぐよりパーッと稼いだほうがいいから。前は生理中でも海綿入れて働いていたからね。三ヵ月間休み無し。お金が好きなんだろね。お金。お金が無いと」

「感覚が男なのかな」

「ちびちびが嫌いなの」

「自分で稼ぐ」

「そうそう」

「男を頼らない」

「そうそう」

「そこが偉いっちゃ偉い」

「うん。お父さんも頑張って働いてきたからね。お母さんも家にいて、『俺が稼いでくるんだから、お前は家にいろ』って」

「でもあなたは外で働いている」

「そうなの」

「真裕美さんにとって、鶯谷はどんなイメージですか?」

「稼げる場所」

取材が終わり、ホテルの出口から出ようとした。

午前中のラブホテル街は日差しに照らされ、山手線の金属音が響いてくる。

すると、狭い歩道に何か思い詰めたかのような三十代の男が立っている。

まさか、私がついさっきまで話を聞いていた真裕美さんの夫ではないか。

ここまで派手に夫以外の男に軀《からだ》をまかせていて、亭主が気づかぬはずはないではないか。

真裕美さんだけ逃がして、私はなんとか時間稼ぎをしようか。千々《ちぢ》に乱れた思考で最悪の事態にそなえる。

遠くで電車の走る音がする。

三十代の男は意を決したかのように、私たちが先ほどまでいたホテルに飛び込んだ。

「デリのお客さんですよね。営業マンですよ、きっと。営業マンって不人気らしいけど、仕事中に遊べるから。この時間帯、デリに来るサラリーマンはたいてい営業マンですよ」と真裕美さん。

豆富料理と愛人

連絡が取れなくなっていた千葉県の人妻から、連絡が入った。

「ごめんなさい。お話するするって言って、なかなか会えずじまいで。ダンナとすったもんだがあって、大変だったんですよ」

鶯谷駅前からほど近い言問通り沿いにある鶯谷を代表する老舗、豆富料理専門店「笹乃雪」で、私たちは久方ぶりの再会を祝した。

介護福祉士をやりながら、交際クラブで知り合った複数の愛人と交際している四十歳の人妻である。目鼻立ちのはっきりした顔立ちは、フジテレビの女性アナウンサー、ショーパンの愛称がある生野陽子《しょうのようこ》に似ているので、ここでは陽子さんと呼称しよう。

陽子さんはこの豆富専門店に、愛人と時々訪れているという。

この豆富専門店は初代が元禄四年（一六九一）、上野の宮様（百十一代後西《ごさい》天皇の親王）のお供をして、京都から鶯谷の地に移った。江戸で初めて絹ごし豆富を作り、根岸に豆富茶屋を開いたのが始まりとされる。

屋号の由来は、笹の上に降り積もった雪のように美しい豆富、と宮様が賞賛したことによる。

「豆腐」と書かずに「豆富」と店名に書くのは九代目当主、奥村多吉が料理店に「腐る」という字はふさわしくない、という理由で「豆富」と記すようになった。こういうこだわりのある店はだいたい老舗であり、味のほうも自信があるものだ。

面白いのは、豆富懐石コースに出てくるあんかけ豆富が二碗出てくることだ。京都独自のこの豆富に、江戸っ子たちは興味を持ち、なかでも上野の宮様が来店したとき、美味しさのあまり、これからは二碗ずつ持って来るようにと注文したことから、以来お客には二碗一組で出すのがこの店の習わしとなった。

実際に、いろいろな種類の豆富が出てくるのだが、どれもうまい。

私たちが選んだ初音《はつね》御膳――

冷や奴
あんかけ豆富
胡麻《ごま》豆富
絹揚
湯葉巻きの豆乳蒸し
うずみ豆富（お茶漬け）
豆富アイスクリーム
……

豆富料理専門店「笹乃雪」のあんかけ豆富と人妻•陽子さん

豆富が姿形《すがたかたち》を変えてこれでもかと登場する。

大広間には私たちだけ、窓からは岩と松、竹が驟雨《しゅうう》に濡れている。

この近くに暮らしていた根岸の文人・正岡子規がこの店を俳句にしたためている。

水無月や　根岸涼しき　笹の雪
明治二十六年　正岡子規

「ここは家具を売ってる会社の社長さんと二度来ました。いいお店知ってるなあって感動しましたよ。昼間来たのね。そのときはすごい混んでた。年配客が多いんですよね」

七福神の絵が掛かり、この店が紹介された英字新聞が飾られている。

陽子さんとは、私のホームページを通してメールをもらってからの付き合いになる。

「いつか自分の子育てや結婚生活について、本を出したいんです。主婦の偽らざる本音を。子育ても結婚もそんなに甘いもんじゃないって、世の中の女性に訴えたいんです」

陽子さんは私に文章指導をしてほしいと、それまで書いてきた原稿用紙の束を持ってきた。

二人の子どもを育て、気難しい亭主の機嫌を損ねないように、家庭で貞淑な妻として振る舞ってきた。

夫は陽子さんより四歳年下で、高校を中退して日本料理の板前になろうと辛い修業に耐えてきた。友人の紹介で知り合い、付き合いが始まった。

「三年付き合ったんですよ。わたしが楽観的過ぎたんです。ダンナは待ち合わせの時間にもすごく厳しかったから、よく喧嘩しました。でも結婚したら、一緒に住むから待ち合わせで怒ることも無くなるでしょう。わたしの心配事もこれでひとつＯＫだと思ったんです。

ダンナはものすごくやきもち焼きで、付き合っていたときでも、男と会ってるんじゃないかって疑うんですよ。でも結婚したらこんないらない嫉妬も無くなるから、これもＯＫ。じゃあ大丈夫だって軽く考えていたんです」

三年付き合ったから相手のことはわかったつもりだった。

「わたしは常識的なこと言ってるつもりなのに、合わなかったなあ。結婚すれば少しは喧嘩も減るだろうと、いいほうにいいほうに思っていたんですよ。わたしって大事なことをポンと決めてしまうところがある。

六月に引っ越して大喧嘩しちゃった。家具の配置から、お風呂の入り方で喧嘩ですよ。すごかった。もうやっていけないってわたしが怒ったら、向こうが泣いて詫《わ》びたんです。『このままだとうまくいかないよ』って言ったんですよ。でも子ども産みたいし」

夫はもって生まれた性分なのか、テーブルの上に少しでも余分なものが乗っているのが許せなかった。

日本料理のプロをめざす人間として、女房の作る手料理にはことのほか厳しかった。そんなに上手《うま》く作れない、と陽子さんが文句を言うと、いきなり殴られた。

子どもができたら夫の独裁ぶりも消えるだろうと期待したが、二人目が産まれてからも治らない。かえってますます暴君ぶりを発揮し、料理の品数が最低でも五品以上ないと怒り、子どもが散らかした後はすぐに片付けないと怒る。もっとも夫は怒るだけで、自《みずか》らは何もしない。

下の子のおむつを替えながら、陽子さんはふと別れようかと思った。

別れて子どもたちを引き取って暮らすにしても、お金がかかる。

近所の養護老人ホームで働き出し、介護ヘルパーの資格を取った。

美貌の陽子さんは老人ホームでも人気を集め、お年寄りから口説かれたりもした。

夫とは冷戦状態がつづき、陽子さんは離婚のタイミングを見計らっていた。

一戸建てを三十五年ローンで購入していたので、陽子さんの稼ぎはすべてローン返済に充《あ》てられる。

昼間の仕事以外で、もっと稼げる仕事はないかしら。

出会い系サイトで、愛人を見つけようかしら。でもどんな男性と出会うかわからない。陽子さんはネット検索していくうちに、人妻でも稼げる交際クラブに出くわした。女性会員は無料、男性会員は入会金と女性会員を紹介してもらう際、事務所に紹介料を支払う。事務所がセッティングして会うと、後は当事者次第、男女の関係を持つときには、男性から女性にお手当として金が渡される。

事務所のスタッフが介入すると法的に問題になるので、スタッフはテーブルに置かれた卓上カレンダーの三日と四日をボールペンでさして、「これくらいらしいです」と他人事《ひとごと》のようにお手当代の金額を陽子さんに告げた。

母乳を飲む男たち

「最初に抱かれたのが、紹介された二人目の男性で、仙台から出張に来るサラリーマンでした。六十歳近い重役さんですね。緊張しましたよお。法律上、夫婦関係はあるわけじゃないですか。でもダンナに怒鳴られたり、頭小突かれたり、モラハラや言葉のDVがすごくあって、もうお相子《あいこ》だわって、重役さんが泊まってる京王プラザで食事したんです。

昼間ですね。お寿司を御馳走になって、世間話してるんですけど、一通り食事が終わった後、沈黙が続いて『部屋に来てもらえますか？』って切り出されたんで、ごく自然に、『はい』って……。そこで成立したんです。体調が悪いと言えば、断ることができたんですけど……。

そのときまだ下の子が小さくて母乳が出てたんですよ。重役さんとそうなったときも出てきて、恥ずかしかったけど、彼はすごく興奮してました。終わってしまえば、あ、こんなもんかな。夫以外の男性としたのは初めてでしたけど、やってることは同じことだから。夫に対しては仕返しみたいな感覚。そっちの気持ちが強かった。でもお金のために夫以外の男に抱かれた罪悪感っていうのはちょっとあったかもしれない。

コンドームは重役さんが持ってきたと思います。帰宅してお風呂で洗い流すとき、赤ん坊がいるからすぐにおっぱいを綺麗にしました。その頃は保育園に預けて行くんですけど、お乳が出るんでもう張っちゃって。直前に飲ませて預けていくんですけど、時間が経つとお乳が出てくるの。エッチしてる最中に出てくることもあるんです。飲まれたこともある。いろんな男の人に吸われちゃった。お乳出ても嫌がる人、一人もいません。みんな進んで飲みますよ」

都立高校教諭、大手広告代理店社員、宗教関係者、街の電気製品販売店経営者、税理士。

進んで母乳を飲んだ男たちだ。

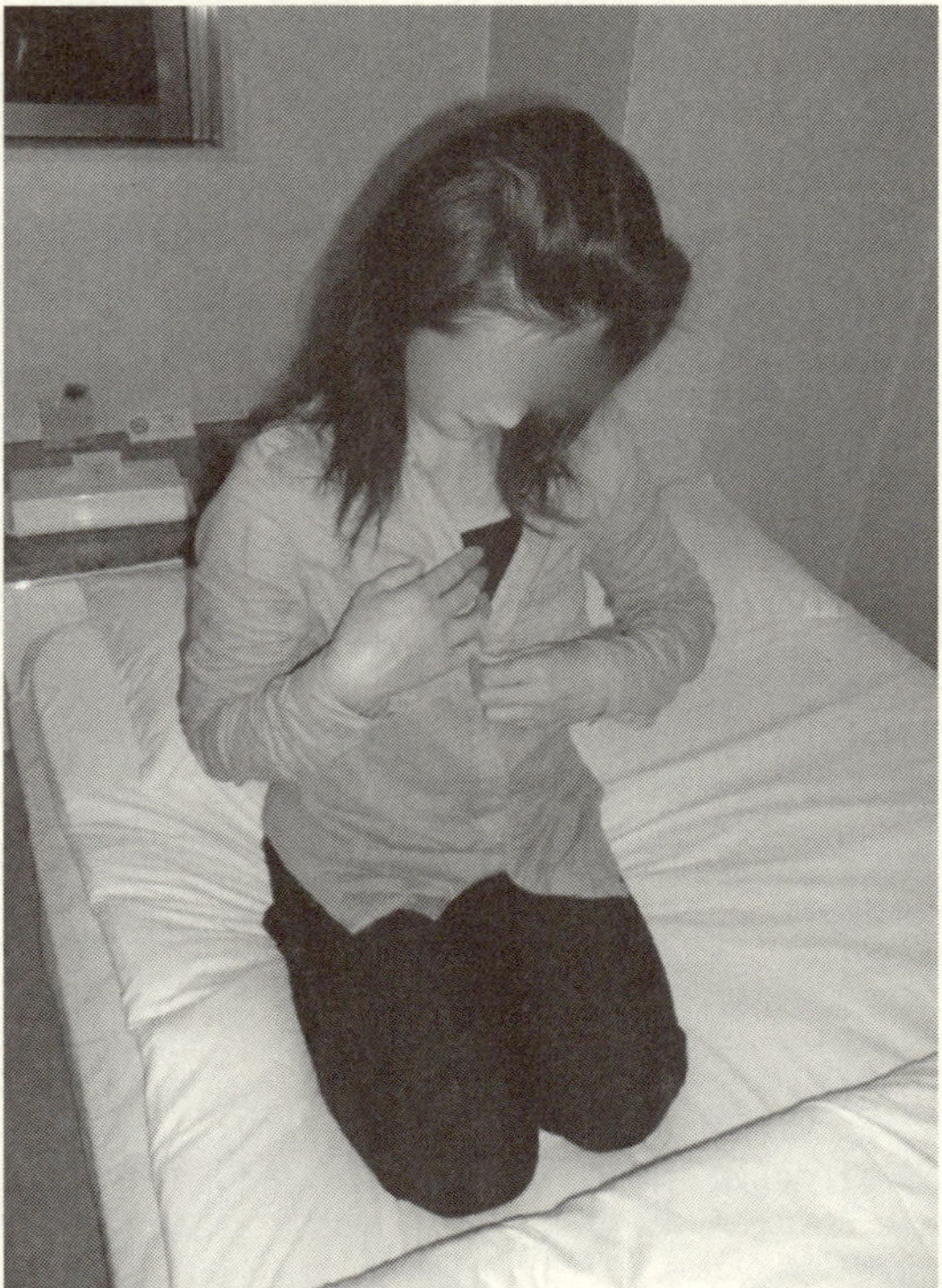

人妻・陽子さん

昼間介護の仕事をしながら、亭主との神経戦で心身ともに疲弊していた陽子さんであったが、私と会ったときはすでに複数の愛人がいたせいか、美貌に磨きがかかっていた。

「（交際）クラブから『指名が入りました』って連絡が入ると、何とも言えない感覚、興奮するるんです。ああ、わたしもまだ女として見られてるんだわって」

鶯谷の豆富専門店には昨年、交際クラブで知り合った街の家具販売店経営者と来た。豆富を食べた後、駅の近くにあるラブホテルで抱かれる。

「彼とは鶯谷の高架線下の駐車場で待ち合わせするんだけど、会社がこの近くにあるんで、誰かにばったり会わないか、ビクビクしているんですね」

「こんな洒落た懐石料理に連れてくるなんて、愛人《パパ》たちは努力しているんですよ」

「そうなんですよ。五反田で会う税理士さんもネットで色々お店を調べてデートするんですよ。自称六十一歳だけど、実際は七十超えてると思う」

鶯谷で密会する家具販売店の男は、鞄にバイブレーターを入れて、陽子さんを苛《さいな》むのが趣味だ。

「鶯谷のイメージですか……ホテル街！　最初来たとき、ラブホテルばかりでびっくりしました。ラブホテル、たくさんあるから、どこに入るか迷うくらい。でも選べるからいい。慣れていないと怖いと思うけど」

愛人に抱かれた後、夫が帰宅する前に戻らないといけない。駅の近くにホテルがあるので、電車にすぐ乗れる。陽子さんにとって鶯谷は、密会の場として格好の場所にある。

「なんとか別居して、子どもたちを引き取って、離婚したい。でもダンナも子煩悩《こぼんのう》だし。難しいかなあ……」

結婚前の秘密

真裕美、陽子、鶯谷をめぐる二人の人妻と糸が繋がった。

やっと鶯谷の書き下ろしが形になりつつあるかに見えたが、その後がまたいけなかった。

三人目の鶯谷体験を聞き出すことができないまま、時間が過ぎる。

あきらめかけていると、向こうから連絡が入った。近所のカフェでアルバイトしながら複数の愛人と交際中の、横浜市在住・四十二歳の人妻である。

「鶯谷？　交際クラブで知り合った男性とホテルに行ったことありますよ。最初は池袋で会って、二回目から『鶯谷でいい？』って言うの。その男性は車で来て、わたしは山手線で鶯谷駅北口で降りて。線路沿いに歩いていくと、ホテル街ですよね」

「どこで待ち合わせたんですか？」

「ホテル」

「ホテルで？」

「そう。先に男性が待っているんですよ。部屋を二つ借りて、一つの部屋に待ってるんです」

坂本冬美に似ているので、ここでは冬美さんと呼称しよう。冬美さんは和服の似合いそうな四十二歳の人妻だ。

知り合ったきっかけは、人妻の生態をテーマにした週刊誌の座談会に招聘《しょうへい》された奥さんからの紹介だった。このとき冬美さんは、都合で座談会に来ることはかなわなかった。

後日、当人に会うと、封印してきた浮気を語り出した。

冬美さんは東北の日本海側の出身で、高校を卒業すると都内の女子大に進学した。グッチもヴィトンも知らなかった冬美さんは、バブル経済に飲み込まれ、ブランド熱にうなされた。

女子大を卒業すると、大手金融会社に就職した。バブルで家賃が高騰し、都心の一人暮らしは何かと金がかかる。昼の仕事以外に、夜、近所のスナックでアルバイトを始めた。

そこで出会った客と、彼女いわく「ファジーな愛人関係」になり、家賃分をまかなった。

株投資を生業《なりわい》としている四十代の客から、知り合いが宝石を購入したいのだけれどカードを使えないので、名義だけ貸してくれないかと頼まれて、手数料五万円をもらって、軽い気持ちでクレジットカードの名義を貸した。

しばらくして、カードを借りた客の知り合いは姿をくらまし、残ったのは冬美さん名義の借金三百万円分だった。

警察に訴えることも弁護士に相談することもせず、冬美さんはこつこつと自分名義の借金を返済し続ける。

三十代前半で結婚した。

「わたしはファザコンなんですよ。理想の男性は二十歳以上年上がいいんだけど、ダンナは二つ年上です。結婚したのは父がガンで亡くなって、寂しかったからかもしれない。ダンナはすごくいい人、わたしのこと大好きなんですよ。大学を出てずっと技術系の会社に勤めてるんですけど、そこは国立系の学閥があって、なかなか出世できない。それでも社内試験を受けてがんばってるんです。ちょっと変わったところがあって、人付き合いがすごい苦手なんです。披露宴のときも、上司から『だいぶ社交的になったな』なんて誉められたんだけど、それでもかなり変わってる。

結婚するときも、なかなか煮え切らないんで、わたしのほうから『誰かお嫁さんもらってくれないかしら』って言ったら、『僕がいつかもらいましょうか』って彼にしては精一杯なこと言ったんです。『そんなに待たせるの?』って言ったら、やっと踏ん切りがついた。優しくて、いい人ですよ。二人でいる時間が欲しいから、子どもはつくらないんです」

厳《おご》かな結婚式を挙げ、披露宴は二百名以上の招待客が二人の門出《かどで》を祝した。楚々《そそ》とした花嫁は、借金のことを新郎に言えずにいた。

「ダンナには心配かけたくないんですよ。わたしはお堅い家の娘で通っているし」

結婚前に冬美さんは、夫に打ち明けていなかったある関係を清算した。

「スナックで知り合ったお客さん関係で、ＳＭ３Ｐやってたんですよ。不動産屋の部長さんが縛るの大好きで、その関係先の建築士もそういうのが大好きなんです。二人がかりでわたしを縛って虐《いじ》めたり、撮影したりするの。本格的なＳＭって、挿入までは至らないっていうじゃないですか。この二人は、あるんですよ。『おれたちは奉仕Ｓだ』って変な自慢して。フフフフ」

「その撮影した動画は、どうしましたか。流出とか、それをネタに脅されるとか、しなかったですか?」

「大丈夫でした。わたしが結婚するって言ったら、二人がホテルでお祝いしてくれて、わたしの目の前でＳＭ３Ｐの動画を全部消去してくれたんです。その後で今度は録画無しで、最後のＳＭ３Ｐをしましたけど」

男たちの欲望を一身に受け止めた冬美さんは、花嫁になった。

まさか亭主は新婦が結婚数日前に、男たちから鞭と浣腸と洗濯ばさみで苛《さいな》まれ、代わる代わる性交を求められたとは想像もつかないだろう。

知らないほうが幸せなことがある。

「主人はヤキモチやきなんですよ。わたしが結婚前に『男性経験は三人』って言ったら、すごいショックだったみたい」

「ＳＭ３Ｐなんて知った日にゃ」

「恐ろしい」

仕事用のスーツを着て愛人に会いに

冬美さんの借金返済は少しずつだが前進している。

稼ぎは昼の会計事務所のアルバイトと、交際クラブでの愛人からの一回三万円のお手当代だ。

「仲のいいママ友、わたしを入れて五人いるんです。五人中四人、浮気してます。会計事務所の女子社員も、五人中四人浮気してます。

女子大の同級生たちと定期的に女子会開いてるんですよ。それとは別にブラック女子会があるの。こっちのほうは本音を言える。不倫告白できる女子会。女子会でも一人真面目な女子がいると違和感が出ちゃうんだけど、いないとき盛り上がる、それがブラック女子会。こっちの女子会でも五人中四人が不倫している」

「不倫率八〇パーセントってことですね」

「そうです。（不倫）してない奥さんは子どもがいて、十年間セックスレスでぎすぎすしてフェロモンが出ていないの。他の不倫している四人は誘い系で、フェロモン出まくり。誘っているオーラ、だからモテるんですよ」

「そんなもんですか」

「そんなもんです。わたしも外で浮気したときのほうが、ダンナに優しくなれますから。知り合いのママたちみんな不倫してる。相手は職場の同僚だったり、元彼と復活したり。外で浮気してるほうが夫とうまくいってる。おかずも一品余計に出したりして」

「バレませんか？」

「ダンナにばれないように仕事用のスーツ着て、『仕事行ってきます』って言って出ていきますから。ケータイが誕生したおかげで、人妻は夫よりも不倫している。これは間違いない。部屋に亭主が横でテレビ見ていても、携帯メールなら黙って連絡取り合えるから。わたし、『ご飯の用意するかどうか確認したいから、帰宅する前にメールして』と夫に言っておくんですよ。そうすると、外でわたしが男と不倫や食事していても、夫からメールが来ると、すぐに帰宅できるじゃないですか」

結婚して、愛人と一泊二日の不倫旅行も実行した。

「六十代の酒屋さんと伊豆に一泊しましたよ。わたしが実家に戻ったとき、亭主には『実家に泊まる』と言っておいて、一日早めに切り上げて酒屋さんと伊豆の温泉です。わたしは虐《いじ》められるのが好きだから、ちょっとSっ気がある男性が愛人になりますね」

借金返済のためというよりも、性欲を満たす目的のほうが勝っているのかもしれない。

大物推理作家の名作に、女が占領時代に軀《からだ》を売っていた過去を抹消するために殺人を犯す大作があるが、軀を売っていた過去を女が恥じる感覚は、あくまでも男側からのものではないか。

女にとって金で抱かれることは、むしろ自己愛を満たす行為なのだ。

別の部屋で待っていた男とは

冬美さんは交際クラブで知り合った男と、鶯谷のラブホテルで密会した体験談をまた語り出した。

「それで、鶯谷駅北口で降りて、線路沿いに歩いてホテルに入ったんですよ。先に男性が部屋で待っているんです。わたしが腰痛持ちだから、『今度、知り合いのマッサージ師を呼んで、君を癒やしてあげよう』って言うんですよ。

まずその部屋でいつものようにセックスして、終わったら『隣の部屋にいるから』って行ってみたら、二十代のイギリス人がいたの。かっこいい。イギリス人は服を着たままでわたしは脱いでオイルマッサージされて、その流れで指でイカされてしまったんです。

隣部屋で待機してる男のところに戻ったら、『どうだった?』って尋ねるから、『いかされちゃった』って正直に報告したら、彼が興奮してました……」

冬美さんをホテルに招き入れた男は、他の男に抱かれることで嫉妬と同時に劣情を催す、寝取られ男の快楽を貪《むさぼ》ろうとしたのだろう。

ちなみに男の職業は、生鮮食品販売の経営者だった。

鶯谷での奇妙な体験をした冬美さんは、マッサージに興味を持って、夫と近くのマッサージ医院に行くようになった。

「マッサージ医院の院長は、わたしより年下なんですよ。わたしってファザコンじゃないですか。でもお互い、惹かれるところがあって、食事に誘われたんですね。それでどちらからともなく、そういう流れになって……」

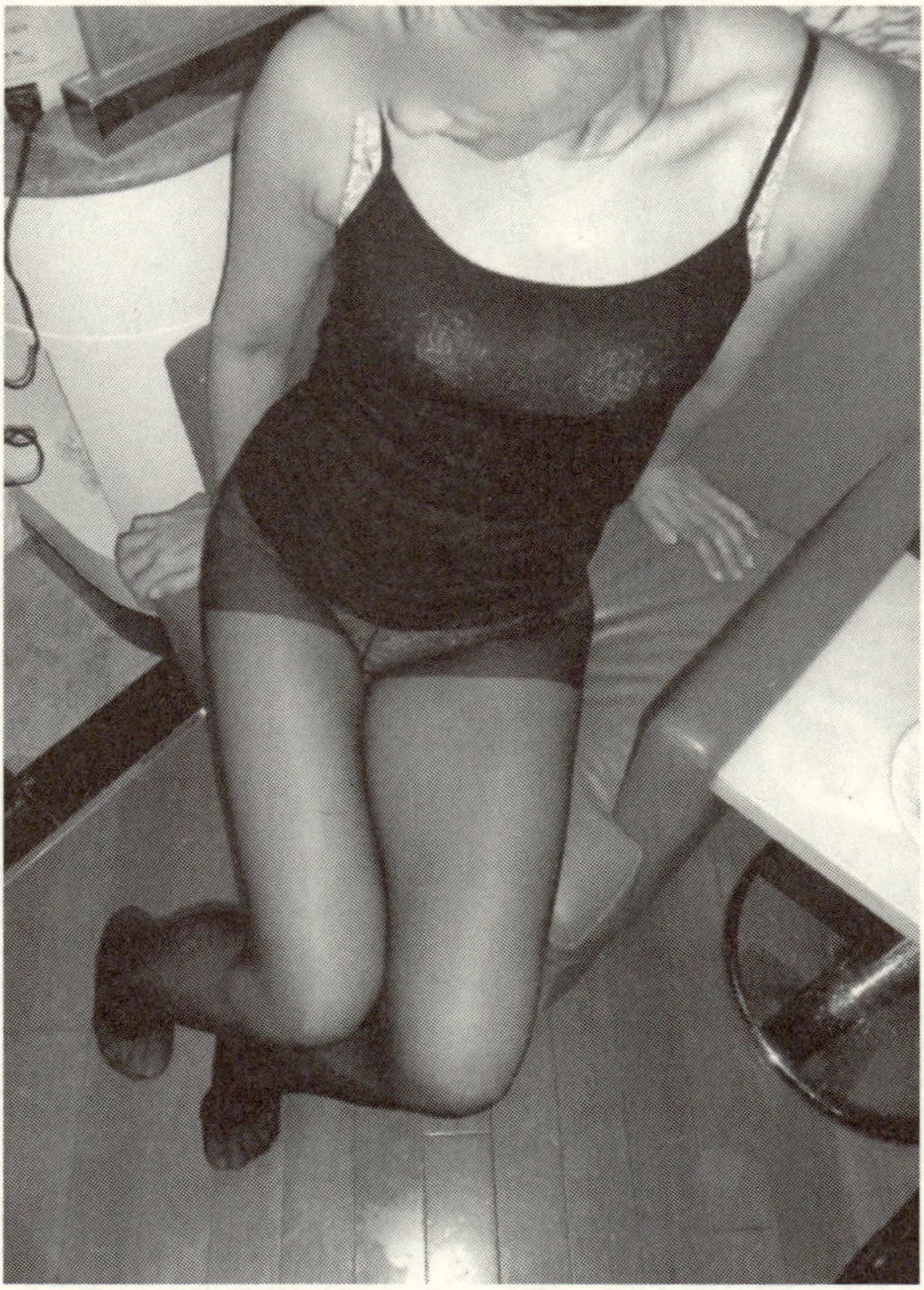

人妻•冬美さん

冬美さんは夫の行動範囲である池袋、新宿、渋谷を避けて、安全圏内にある鶯谷のラブホテルを希望した。

「マッサージ院長とは十回くらいセックスしました。でもわたしは離婚はしない。夫に不満はそんなに無いし」

「ご主人は疑ってないですか？」

「わたしは、院長とは食事までと言っているんですけど、果たして信じているのかどうか。この前なんか、大胆なんですよ。わたしとダンナと二人でマッサージ受けたんですよ。カーテン仕切ったベッドでそれぞれ寝て。院長がわたしの担当で、マッサージしながらあそこ触わってくるんです。やめてくださいって抵抗するんだけど、かえって興奮してました」

「まるでAVじゃないですか。ご主人は気づかない？」

「それが、マッサージ医院のアシスタントの女性がいるんですけど、うちのダンナに余計なこと言うんですよ。『奥さん、うちの先生と会ってるんですよ』って。だからかしら、この前の連休のとき、ちらちらと『今日はどこに行ってたの？』って探ってくるんです。ちょっと今、大人しくしてる」

下着が派手になると、浮気の証左《しょうさ》であると言われるが――。

「鶯谷のホテル街のそばに下着ショップがあったんで、そこで色っぽい水色の上下を買いました。下着が趣味なんですよ。勝負下着も普段の下着も同じです。だからわたしの場合は、派手な下着っていうのは前からです。気分が高揚するから」

院長とは金銭のやりとりはない。

「やっぱり独占欲っていうか征服欲っていうか、院長もそうだけど、『俺と亭主とどっちが大事なんだ?』って問いつめる男性って多いんですよ」

「あなたはなんと答えるんですか?」

「とりあえず『主人』。夫はわたしのこと大好きだし、わたしは外で好き勝手やってても、夫に操《みさお》を立てないと」

夫は何も知らない。

第四章　吉原と鶯谷

ネオン・ジャーナリズムを唱えた男

「あの頃、鶯谷にホテルがあるなんて思わなかったなあ」

長軀《ちょうく》の伊藤さんが懐かしそうに振り返った。

風俗ライターとして第一線を走り続けてきた伊藤裕作《ゆうさく》は、今から三十五年前、生まれて初めて吉原のトルコ風呂（当時の名称）に入った。そのときは仕事ではなくプライベートで入った。

風俗ルポルタージュは、伊藤裕作の出現によって大きく変化した。

どこか暗く、影の世界だった風俗業界を、コミカルに軽いタッチで、徹底して自分の体で体験する実証主義によって、トルコ風呂、後のソープランドを取材してきた。

一年間で百人のトルコ嬢と最後までいたす体験取材をした記者だけが入会できる「トルコ名球会」なるものを自ら起《た》ち上げ、記念すべき最初の入会者になったのも伊藤裕作その人だった。その後に続いた会員はいない。年間百人ペースを八年間連続し、千人斬りを達成した。

「僕は真性包茎だったんですよ。新大久保の整形外科に行って手術してもらうことになったんだけど、女医さんだったから、緊張しながら、ちんちん見せたらぐっと皮むかれて冷や汗が出てきて……。体が硬直したままなの。そしたら、『大丈夫、手術しなくてもいいから、むいたままにしておきましょう』って。でもね、むいたままの真性包茎ってエリマキトカゲみたいになってしまうんだよね」

だが伊藤裕作は、外科手術をしないで真性包茎を治してしまった。

「突撃風俗ライターをやってると、ソープ嬢にひたすらしゃぶってもらうわけじゃないですか。むいてフェラチオしてもらうと、十年間で見事にむけたの。ほんと」

風俗ライターをやってきた伊藤裕作は、若い頃から遊び尽くしてきた人物と思われがちだが、内向的な青年で、異性とは無縁の青春を過ごしてきた。

一九五〇年二月二十五日、三重県津市に生まれる。

幼い頃から神童と呼ばれ、成績はいつも校内で一番だった。名門津高校に進学、団塊世代のラストに生まれた伊藤裕作は、詩人の寺山修司に夢中になった。都市と地方、前衛と土着、相反する世界を止揚《しよう》する寺山修司の宇宙は、人生を賭けるにふさわしかった。

一九六八年、寺山修司が学んだ早稲田大学教育学部に現役合格。伝統ある短歌会に入り創作活動に励む傍《かたわ》ら、念願だった寺山修司を招き、講演会を開くことができた。

ハプニングアート、アヴァンギャルドアートが最盛期である。演劇の世界でも、観衆を演劇空間に巻き込む「観客参加」という新しい手法が唱《とな》えられていた。童貞だった伊藤青年は、寺山修司に「観客参加ということは、女優さんに触ってもいいんですか?」と質問してみた。

天才詩人はうなずいた。

伊藤青年が、寺山修司主催劇団「天井桟敷《てんじょうさじき》」を観に行ったら、自分が思い描いていたこととはどうも違っていた。もっと小難しい理論にもとづく観客参加だった。

これではいけない。

偉そうな理屈を並べても童貞では話にならない。ときは学園紛争の真っ最中、反逆と構築が叫ばれた時代である。

早く童貞を捨てなければ。

同級生に連れられて大阪・飛田《とびた》のちょんの間に突入した。おばさんが指し示す二階に上がりシャワーも浴びず、短い時間で交接しなければならない。

いよいよ童貞とおさらばできる。

二十代前半のやつれが顔に残る女が伊藤青年の前で寝そべり、スカートをまくってパンツをおろし、「はい、どうぞ」と言った。戸惑う童貞青年。

「何してるの、にいちゃん」

無愛想な女に何もできず退散した。

セックスというのはいろんなことがやれるんだと思っていたが、全然違った。

童貞のまま、伊藤青年はストリップ通いに熱をあげた。男を惑わす女のあそことはどんな形状をしているのだろう。キャンパスの女子大生や道行く女子高生を口説いて、肉交すれば手っ取り早いものを、妄想派の伊藤青年は生身《なまみ》の女を口説くこともできず、ひたすらストリップ通いで妄想をたくましくしていた。文学青年というのは奥手《おくて》が多い。実践派よりも思索派であるから、口で言うほど実行がともなわない。

チャンスは何度かあったものの、いざことに及ぼうとすると、現実のリアルさが緊張とともに襲ってきて、肝心なものが固くならないのだ。

大学生活は六年に及んでいたが、童貞のままだった。

このままでは永遠に異性を知らないで終わってしまう。

チャンスは朝、突然やってきた。

付き合っていた美大生と自分の部屋で寝ていた。健康な青年なら誰でも起きる朝立ちという現象に見舞われた。

固い。

そのままガールフレンドにねじ込んだ。二十五歳にして遅咲きの童貞喪失にやっとこぎつけた。

同級生たちはとっくに社会に飛び出していた。学生運動の嵐も静まり、伊藤青年も社会人として巣立っていく日が近づいた。

「吉本新喜劇の劇場チラシに文芸部員募集が載っていたんで応募したら、来なさいという返事が来たんだよ。行くつもりだったんだけど、体育の授業を二個下の後輩に出てもらったのがバレて、追試も受けられないで留年してしまった」

もしも体育の授業の代返《だいへん》がバレずに卒業できたら、吉本興業に入社して、今頃は幹部に上り詰めていたかもしれない。人生なんていうのは偶然の積み重ねに過ぎない。

結局、七年かけて卒業。演劇か文学かジャーナリズムに行こうと思っていたが、夢はかなく潰《つい》え、知り合いが経営していた自販機本（自動販売機で売っているエロ本）を編集制作する仕事に就《つ》いた。

「寺山修司のような歌人ではなく、物書きになろうとしたんだけど。週刊誌記者になってみたものの、政治記者にもなれない、経済記者にもなれない。おちこぼれという自覚があったんだよね。僕には伝手《つて》がないし、だったら人がやっていないものがいいだろうな。エロなら恥ずかしい部分を全部晒《さら》していけば食っていけるんじゃないか。そう思った。

風俗という道があった。寺山は『トルコの桃ちゃん』という架空のキャラクターをつくった。芸術では僕は寺山修司に敵《かな》わないけれど、寺山がつくった『トルコの桃ちゃん』に会いにいくために、全国のトルコ風呂をまわってみよう。誰もやっていないネオン・ジャーナリズムを書こうと思ったんです」

沢木耕太郎が脚光を浴び、ネオ・ジャーナリズムと呼ばれた。伊藤裕作がネオン・

ジャーナリズムを提唱したのは、風俗業界でこれから生きていく自分なりの矜持《きょうじ》であった。

最初はピンサロ（ピンクサロンの略）取材だった。

七〇年代に隆盛をきわめた風俗産業で、サロン風のソファに腰掛けた客のズボンとパンツを脱がせたピンサロ嬢が、口と手で放出作業をおこなう。もっとも安価な風俗産業で大衆的な人気があった。

ピンサロを取材していると、そのうちトルコ風呂を取材したくなる。

まずは仕事抜き、飛び込みで入ってみようか。

幸子というトルコ嬢

生まれて初めてのトルコ体験に、伊藤裕作はのどの渇きを覚えた。

三つ指ついて出迎えてくれたのは、幸子《さちこ》と名乗るトルコ嬢だった。

「ぽっちゃりした子で、今で言うと、渡辺直美に似てる。僕と同い年だった。プレイはすぐ終わったんだけど、なんか気に入られて、『裏通りに焼き鳥屋があるから待ってて』って言われたの。ガソリンスタンド隣の焼き鳥屋。今の夕月《ゆうづき》本店の辺り。そこで飲んで、『今からもう一軒行こう』って彼女が誘ってきたんだ。

トルコ初めてだったし、女性経験があまりない。それに今、トルコで払ったのでお金もあんまりないって正直に言ったんだよ。そしたら、心配しなくていいからって、焼き鳥もタクシー代も全部出してくれたの。タクシーで鶯谷の飲み屋に行って、その後ラブホテルに入った。もしかしたら人妻だったのかも。朝一緒に帰ったからね。まだ雑誌にトルコ嬢の顔写真も出ない時代だった。幸子さん、何やってるんだろう。六十歳くらいになってるんだろうけど。今、男たちが韓デリにハマッているのと同じように、僕もそれからトルコにハマッていったのは、幸子さんに優しくされたからですよ。

昔の映画で、学生運動の活動家が警察に追われて逃げ込むのが遊郭で、女が意気に感じてかくまってくれる話ってあるでしょ。僕を誘ったのも、彼女も寂しかったのかもしれないしね。幸子さんと夜やって朝やって、次お店に行ったらもういなかった。それが僕の鶯谷体験。トルコの女の子は心優しいんだって思うようになったのは、幸子さんのせい。

タクシーで鶯谷に行ったから、どこのホテルだったかもうわからない。あの頃はこんなネオンきらきらじゃなかったよね。新風営法でがらっと変わった。一九八五年のホテトルがブームになってからじゃないかな」

一九七八年、『週刊大衆』のピンク特報部という二ページの連載を受け持ち、トルコ風呂やピンサロの情報を毎週記事にするようになった。伊藤裕作は読者に成り代わって、トルコ嬢の前で裸になって、実際にプレイを味わってみた。

「幸子さんの体験があったから、トルコも取材しよう！　という気になれた。あの頃はベテランの風俗ジャーナリスト、広岡《ひろおか》（敬一《けいいち》）さん、木谷《こたに》（恭介《きょうすけ》）さんら、先輩たちがいた。トルコという世界はすごい怖い世界で、素人が取材しようとしてもできやしませんよと、先輩筋が週刊誌を押さえていた。だから誰もトルコ取材に行かなかった。

でも僕は幸子さんとの経験があったから、そんな怖い世界じゃないっていう気持ちがどこかにあった。『週刊大衆』でデスクの林（幸治）さんとピンク特報部をつくり、始まっていったんです。それまでは毎週風俗情報なんてほとんど不可能で、お店が売り込んできたネタを載せていた。毎週二ページ載せるほど協力してくれる店はなかったんだよ。女の子の似顔絵載せたり、写真載せたり。最初は店の情報だけだった」

南口ロータリーは吉原への玄関口

鶯谷駅南口のロータリーからタクシーに乗り込み、吉原トルコ店に足繁く通うようになった。

「だから僕にとって鶯谷は吉原への玄関口だった。八〇年代初頭は、トルコも勢いがあったから、素人がけっこう入ってくるんですよ。愛のあるセックスはできなかったけど、入《はい》りたての子とずいぶんやらしていただきました。女の子っていうのはいつの時代でも面白い所に行きたがるんですよ。風俗とかAVとか、その時代の最先端の所に行きたがる。今いちばん面白い物は何なのか。愛人バンク、ネットの出会い系。面白がれる所に行くんです」

八〇年代はトルコ嬢のヒモが今よりたくさんいた。〝ヒモ〟とは、トルコ嬢に寄生する無職の男たちである。

「ヒモのほとんどはやくざ。まだやくざが食えない時代で、女に食わせてもらっていた。トルコ嬢って高校中退がほとんどで、付き合う彼氏たちも高校中退がほとんどだった。働き場が無いんだ。

なんでヒモになるかというと、ソープで働く女の子って、夜遅くまで仕事するでしょう。お客さんをかまったあと、今度は誰かにかまってもらいたい。仕事が終わったら、朝まで男はいないといけない。彼女たちと付き合ってるサラリーマンがいても、夜も付き合っていると、昼間働けなくなるでしょう。そうなると、女の子たちも、あんたもう働かなくていいからって、それでヒモにするんですよ。

でも、新風営法ができてから、一人でソープに飛び込む子が増えたし、バブルの頃は、やくざが女に食わせてもらうのがかっこ悪いと、ヒモがいなくなってきたんですよ。俺だって年上のソープ嬢から、ヴィトンのバッグもらって、『働かなくていいから』って言われて、ヒモになりかけたときがあったけど。アハハ」

伊藤さんが鶯谷駅から吉原ソープに通い出した八〇年代初頭には、鶯谷には「たちんぼ」というフリーランスの街娼がラブホテル街に立っていた。今のように鶯谷発の風俗という脚光を浴びるようになるのは八五年の新風営法以降のことだという。

「深夜十二時でソープの営業を終わらないといけなくなったでしょう。その後、あぶれた客はどこに行くか？　ホテルを使った風俗、ホテトルがすごい勢いで新宿、池袋、渋谷って増えていく。鶯谷もそう。その前の鶯谷の使われ方は、僕が幸子さんと使ったように、お客さんとソープ嬢が終わった後、お酒飲んでホテルに行くところだった。

ソープの子が、お店が終わってお客さんとホテルに泊まっていた。あるいは新大久保のたちんぼのように、外で客を引いてホテルに連れ込む。今みたいに事務所があって、そこに電話すればホテルに女の子が派遣されるというシステムは、八五年以降だと思う。

『日刊ゲンダイ』で、盛り場ニュースっていうのがあるでしょう。ソープガイドがあり、ピンサロガイドがあり、もうひとつ街ネタとして〝X〟というのがあった。憶えてる？　そうそう。無署名の小さなコーナー。『何処《どこ》何処《どこ》の街角で女が立っていた』なんて載ると、翌日読者が殺到したという時代があったんだよ。記者が歩いて街ネタを拾ってきた。読者も怖い物見たさだと思う。とんでもないオカマに会ったと書かれたりするけど、いい女が立っていたと書かれると、翌日、人がどっと押しかける。大久保公園に外国人のたちんぼが出始める頃だった。でも鶯谷はそんなに聞かなかったな」

鶯谷に人妻・熟女が集まった背景

鶯谷が熟女・人妻風俗のメッカとなった背景について、伊藤裕作が解説する。

「このところソープがおいしい業種ではなくなって、女の子の新陳代謝がよくない。年とった三十代後半以降の女性たちをまとめた人がいて、鶯谷で熟女デリヘルをやるようになった。元ソープの子たちがけっこう鶯谷で働いているんだよね。

このところソープに入る子が減っているんだよ。出会い系で女の子が直接やってるから。昔みたいに、クラブのホステスが店からの前借りを抱えてソープに入るっていうのがなくなったでしょう。今どきソープに来る子たちは、いっときはヘルスをやったり、出会い系やって怖い目に遭って、やっぱりソープにいたほうが安心だとか、あるいは年齢重ねてくると売れなくなって、それでソープに行くようになった。

それからなんで鶯谷・日暮里周辺に人妻・熟女系デリヘルが栄《さか》えたのかというと、ダンナさんが横浜や埼玉に住宅買ったのはいいけど、ローンを払わないといけない。人妻さんにしてみたら、地元では絶対風俗の仕事はできない。京浜東北線でここまで来れば、知り合いは来ないという安心感があったんだよ。

埼玉の人妻さんたちも、日暮里・鶯谷まで来れば知り合いに出会わない。それで鶯谷・日暮里周辺に熟女・人妻が集まりやすくなったわけですよ。新宿・渋谷・五反田でデリヘルしようとすると、交通の便がいいから、ばったり出くわす危険性がある。もしもお隣さんに会ったとき言い訳がつかない。あと、元ソープのおばさんたちが過去を隠してやっている場合もあるし、若い子もかなりいるし」

伊藤さんは鶯谷の韓デリも取材していた。

「ネットで見ると、韓デリの子たちってまったく顔が違うでしょう。日本のデリヘルもけっこう違うけど、韓デリの子たちはまったく顔が違う。というのも、ネットで見られるということは韓国でも見られてしまうから、絶対に顔は似ても似つかぬ顔にしないと駄目。だからものすごく激しく修正するんだよ。

でも韓デリの子たちって若いよね。だいたい〝学生〟って言う。借金して日本に来てるのか、そこを聞いてもわからない。雇い主は日本人なのかもしれないけど、通訳できる韓国のママさんが、店を届け出ている。

韓デリの子たちって、一緒に住んでいて、キムチつくっているんだよね。お客さんに持って行ってあげて、『食べて』っていう話をよく聞くよね。アットホームにやっている。とにかく二万でいける安さと、見た目もいいよね。日本では何が出てくるかわからないじゃない」

　現在、伊藤さんは親が逝った後の実家を維持しようと、故郷・三重と東京を行ったり来たりしている。

「寺山の影響で、子どもが産まれることの恐怖感があった。父親になりたくないという。性と生殖が結びつくのがすごく嫌だった。僕にとって風俗がすごいと思ったのは、性とはなんだとずっと悩み考えている僕の前で、あっけらかんと性を売っている女の子がいたから。この子たちっていったいなんなんだ？　この子たちなら付き合えるなと感じたんです」

　念願だった『私は寺山修司・考　桃色篇』を上梓《じょうし》した。

　トルコ名球会活動で千人斬りを果たし、その後数えていないが、二千人近くいったのではないかと言う。

　豊富な体験人数から何か貴重な経験則はないかと尋ねたところ――

「口元にほくろがある女性はスケベ。それは間違いない」

　めいっぱい恥ずかしいことをしてきたので、死に様をしっかりしなければ、と現在は親鸞研究に没頭している。

　今も独身である。

伝説の編集者がいた

私がフリーランスの物書き稼業になったのが一九八〇年秋、双葉社から出ている『週刊大衆』の副編集長から声をかけられたのがきっかけだった。

ゆくゆくは自由に物を書ける人間になりたいと高校時代から思っていたのが、二十四歳にして実現した。あの頃はまだ留守番電話もファックスも携帯電話も無く、名刺に刷ったのは名前と住所と固定電話番号だけだった。

『週刊大衆』にはトルコ名球会の伊藤裕作さんをはじめ、ユニークな男たちが蝟集《いしゅう》していた。

ギャグ漫画から相撲マンガに転身したものの鳴かず飛ばずだったが、風俗体験マンガを書いたところ大ヒット、売れっ子漫画家になった山崎大紀。同じく不遇をかこっていたが、自身のテレクラ体験をマンガにしたところ人気に火がつき、現代人の性をリアルに掘り起こすカリスマになった成田アキラ。

編集者にも洒落のわかる人物がいて、とんでもない企画を通してくれた。たとえば私が口から出任せに、夜の早慶戦はどうか、と提案したところたちまち企画が通り、現役の早慶大学生を吉原トルコで対戦させることになった。一人のトルコ嬢を相手に早大生、慶大生どちらがイカせられるか、トルコ嬢に判定してもらう。判定基準は、マナー、サイズ、テクニックの三部門。

早大側からは私が所属していた企画系サークルの後輩が挑み、慶大側からは広告学研究会代表が挑んだ。

先に対戦した早大生のテクニックとユーモアにトルコ嬢も高得点をあげ、勝利の凱歌があがったかに見えたが、後攻めの慶大生を相手にしたトルコ嬢が個室から戻ると、頬を赤らめ証言した。

「あの慶応ボーイ、テクはたいしたことなかったけど、あんなビッグサイズみたことないわ」

慶大生の逆転勝利。

トルコ嬢をまいらせたこの慶大生は、その後、在京放送局の入社試験に受かり、今では解説委員の最高位を極め、皇室報道の際に必ず登場し、ビッグな存在感を示している。

締め切りが迫ってもなかなかネタがなくて、窮余《きゅうよ》の策として、後輩の大学生たちが「学生ホスト連盟」を結成したところ評判になっている、というネタをでっちあげ、数名の学生を使って写真を撮った。この記事が女性週刊誌に再録されたところ、瓢箪《ひょうたん》から駒、全国の女性たち、とりわけ人妻たちから手紙が殺到し、学生ホスト連盟はフル稼働、私まで大学院生になって相手をするはめになった。

こんなばかばかしい企画も、翌週には記事になって話題になったりする。編集部にも異才が揃い、逸話に事欠かなかった。なかでもNデスクは数多《あまた》の伝説に彩られた人物であった。

伊藤さんの担当編集者として、吉原をはじめ数多の風俗地帯を取材し、体験取材した相手のトルコ嬢が惚れてしまい、編集部まで訪ねてくるトルコ嬢が続出。またあるときは私が企画したアルバイト事情を語る女子大生座談会（女子大生がアルバイトでホステスになるだけで特集が組まれた時代だった）にふらりと入ってきたNデスクに、居合わせた五人の女子大生たちが一目惚《ひとめぼ》れしてしまった。

学生ホスト連盟に大学院生ということでNデスクも顔を出し、たまたま相手にした地方の大金持ちの娘さんが惚れてしまい、すったもんだになったことも懐かしい。

駆け出し記者だった私の懐《ふところ》が寒々しいと思ったのか、パチンコでとった現金交換のできる景品を、『俺、時間がないから代わりにカネに換えてこいよ』と私にくれるという気配りの男でもあった。

午前の日が残る鶯谷駅北口。

改札口付近に太宰治の文庫本を広げる男がいた。

N氏である。

「若い頃読んだのと、今読んだのとでは全然印象が違うんだよ。味わい方が違うの。

それが楽しいんだ」

数々のソープ嬢を虜にしてきた伝説の編集者が鶯谷に立っている。

あれから二十有余年。

すべてを無慈悲に変える時という力をもってしても、N氏の容貌にいささかの衰えも与えることはできなかった。いぶし銀の魅力はさらに増し、私の存在に気づいたときに浮かべた微笑は、あの頃の女殺しの微笑を彷彿とさせるのだった。

還暦を数年超え現役を退《しりぞ》き、映画と読書、ジム通いと登山の日々を送っている。

今日はかつて現役時代に歩いたここ鶯谷で、吉原と鶯谷の記憶を回想してもらおうと足を延ばしてもらったのだった。

編集者はあくまでも黒子《くろこ》でいい、というN氏の言葉通り、ここではイニシャルで記す。

一九七二年、早大を卒業。双葉社に入り、『週刊大衆』で政治と風俗業界の取材にあたり、伊藤裕作さんとは名コンビでもあった。

Nデスクによるソープ特集は毎号、誌面を飾り、ベールに包まれていたソープ嬢の素顔が知られるようになっていく。

かつて鶯谷はマイナスイメージだった

「鶯谷は吉原の玄関口というよりも、取材し始めた頃は〝遊びの終点〟だった。若い女はもう相手にできないという年配者たちが、この辺で遊んでいたんだよ。遊びそのものの終点が鶯谷だった。たちんぼがいっぱいいたんだよ。特に公園のほうに。台湾系だと思う。値段も吉原の六、七割だった。ホテル代込みで一万数千円。

俺たちの世代では正直、鶯谷はあまりいいイメージではなかったよ。昔はこの地にいるのは風俗嬢のなれの果てだった。年齢の問題で吉原で働けなくなった女がこの辺で働いた。そういう意味でも終点なんだね。だからといって陰々滅々《いんいんめつめつ》とした感じではなかったけどね。女の子もこの界隈で働くには、自分を納得させないと働けなかったしね。その頃から鶯谷は〝熟女の聖地〟なのかもしれない。鶯谷《ココ》とか飛田の女は、熟女が普通だったから。昔は〝熟女〟ではなく〝年増《としま》〟という言い方してたっけ。鶯谷はマイナスイメージしかなかったし、取材ネタにはならなかったよ」

今では、鶯谷発風俗は、過激な人妻・熟女デリヘルの代名詞となった。

よく日本の男たちは、ロリコン熱に取り憑《つ》かれていると言われる。だがその一方で、成熟した大人の女を好む熟女熱も、いにしえから息づいている。大物政治家、財界人の愛人はたいてい五十、六十代の女性である。女が想定しているよりもはるかに男は熟女が好きだし、体型的に崩れかかる寸前の女を好むものだ。

「八〇年代前半、吉原、川崎のトルコ街が注目されて、客がそっちに流れていった。吉原にはトルコ風呂の他に旅館が何軒かあって、旅館が女の子を用意していた。そこでやり手ばあさんがお店の前に立っていて、誘ってくるんだけど、あんまりいい女はいなかった記憶があるなあ。ちらちら見ていた限りではね。

値段も吉原の六、七割。五十、六十代のおじさんにとって、ソープの二十代の子はなんとなく気後《きおく》れがするんだよ。若すぎる子より十、二十くらい下がちょうどいい。おじさんたちも、若ければいいって感じで遊んでいたわけじゃないからな。遊び慣れた男は、話が合わないと面白くないから。そんな吉原の旅館にももう行かなくなった人たちが、鶯谷に来てたんだよ。年齢がもっと上がいいって人たち。

ソープは売春業のランクでも一番上で、昔は鶯谷、飛田の女は下から二番目。一番下は、六十過ぎの女性が口でしかサービスできないようなたちんぼ。その辺がいちばん下。当時は鶯谷はマイナスイメージだった」

おスペの時代

吉原遊郭ができたのが江戸時代、幕府公認の遊郭であった。日本橋近くにあったが大名屋敷に近く、明暦《めいれき》の大火もあったために、郊外の現在の地に移転した。

当時を忍ぶのが花魁道中《おいらんどうちゅう》であろう。髪にかんざしを差し、高い下駄をころがし、練り歩く。花魁道中は、記録によれば大正時代までおこなわれていたという。吉原は何度も大火に見舞われたが、そのたびに生き残り、江戸時代から昭和三十三年まで続いた日本最大の遊郭であった。

昭和三十三年、売春防止法の施行によって赤線は廃止され、法律上、体を売る行為は禁止された。もっとも、男女の自由恋愛を取り締まることはできない。男女関係になった結果として、男からお礼としての金銭を渡すまでは禁じられない。そこで売春産業が生き残る余地が生まれた。

トルコ風呂第一号は昭和二十六年、銀座の「東京温泉」が最初というのが定説になっている。この時代のトルコ風呂というのは、中東にある伝統的な公衆浴場のことを指し、中東で一番栄えていたトルコを名称につけたものであった。スチームバスを使った個室サウナであり、その際、女性が男性客の汗を拭き取ることから「ミストルコ」という名称がついた。

トルコ風呂は、汗を拭き取るだけでなく、男性客の敏感な部分を拭き取ることがサービスの一つになり、密かな人気を集めるようになった。彼女たちは「トルコ嬢」と呼ばれるようになる。

東京オリンピックで外国人が東京に押し寄せ、風紀上からもトルコ嬢が過激なサービスをしないようにと、取り締まりが厳しくなった。

一九六六年、トルコ風呂が個室付浴場、いわゆるサウナ風呂として許可された。そのとき、窓があることが個室付き浴場の条件だったので、法律に合わせて小さな窓をつけた。あくまでも名目はサウナ風呂で許可が下りたので、個室には必ず首から上がのぞくスチームバスが置かれた。

個室で行われていたトルコ嬢によるサービスは、手で男性の一物《いちもつ》をしごく行為だけだった。隠語で「スペシャル」、あるいは「おスペ」と呼んだ。スペシャルなサービス、という意味から転じたのだろう。

鍵のかからないドア、小窓、スチームバスがある、という建前でトルコ風呂は許可が下り、トルコ嬢のサービス目当てに男たちが押しかける。一対一だから中で何が起こっているかわからない。白いトルコウエアを着たトルコ嬢が濃厚なサービスをほどこす「駅前トルコ」と称する小さなトルコ風呂が、繁華街に繁殖した。

「ダブル」はお触りができるサービス、「逆さダブル」は男女がそれぞれ互いの敏感な箇所を刺激するシックスナインを意味した。

伊藤裕作さんが証言する。

「一九六八年、大学生の頃、川崎のトルコで本番ができるところができたと聞いたんだよ。その頃はまだ東京のトルコでは（本番は）できなくて、川崎、千葉、すすき野、雄琴《おごと》のほうができたんだ。札幌に行けばできるって話だった。それと、本番ができる〝本サロ〟というピンサロみたいな店もあったね」

N氏が回想する。

「トルコ初体験は大学時代、なけなしのカネを叩《はた》いて、スペシャルだけ。手こき。目黒の店で総額六千円だったよ。一九七二年に入社の頃は、吉原はちょっと怖い存在だった。当時の主流はピンサロだったな。初めて〝やれるトルコ〟に行ったのは七五、六年頃。感想は、すごいなあ、だよ。そのときはマット洗い無し。過激なサービスも無し。過激なサービスになったのは〝ワンツー〟になってからだよ」

最後までやれるシステムというのはまだ確立しておらず、業者も客も取り締まる側も、ここまではできるか、できたらさらにその先は、という過渡期の時代だった。

ワンツーの衝撃

トルコの世界を根底から変えることになるのは、N氏の言う「ワンツー」というシステムが登場してからだった。

「吉原のトルコががらっと変わったのは入浴料一万円、サービス料二万円、合わせて1（ワン）、2（ツー）を導入してからだよね。高かった。八〇年代前半で全部で三万！　それ以前は総額二万円がせいぜいだったからね。

三万円になると、当然お店で働く女の子もそれに見合う子を揃える。若い子になったり、サービスがハードになったり。ワンツーでトルコはがらっと変わった。ワンツーの店が出てきたとき、他の店の人たちは、料金が高すぎるから絶対に流行らないと言っていたよ。それに高くすると警察に目をつけられるから。ところが客が入った。というよりもかなり入った。それで他の店が追随したんだ」

トルコ風呂は当初、手で抜くスペシャルだけだったが、だんだんサービスが過激になり、七〇年代には本番（性交）をおこなう店が増え出した。

それまでは店に払う入浴料が六千円、個室で女の子に払うサービス料が一万四千円、合計で二万円が相場だった。それが一気に五十パーセントアップ、合計三万円の料金設定にしたのだ。ずいぶん思い切った豪華版の出現だった。

「それまではプレイが六十分だったけど、八十分にした。個室に備えてあるマットを使ったプレイがかなり充実した。あまり、スケベ椅子も使っていなかった。あることはあったけど、ワンツーになると、川崎、雄琴から泡踊りのテクニックを導入したんだ。ワンツーはそれだけ画期的だった。編集部でもすげえなって話した記憶があるよ。客が集まると女の子も集まる。稼げるから。一ヵ月で二百万円稼ぐ子もいたんだから。すごいよなあ。

八〇年代は活気があったよ。お店もどんどん増えたしね。最盛期で百六十軒。ワンツーができるまでは、百軒いくかいかないかだったからね。いちばんソープが元気だった頃だよ。毎週週刊誌の企画ができたくらいだからね。

あっという間に店の家賃が上がった。吉原のいちばんいい場所で一ヶ月の家賃が七百万から八百万円だよ。土地は地元の住人が所有者で、不動産会社に任せていたり。だから小金を持っている地主が多かった」

昔のソープ嬢気質

ソープで働く女の子たちの気質も変わった。

七〇、八〇年代はソープに行くまで、スナック、クラブという水商売のステップを経てソープに入ったが、今はいきなりソープに飛び込む。割り切り方が非常に早くなった。

「昔のソープ嬢はキスさせなかったし、ワンツーになるまでは、ほとんどがゴム装着だったからね。それが貞操の証《あかし》だった。ナマっていうのは女の子にとっても意味があって、ゴムを被《かぶ》せるのは、彼氏に対する貞操だっていうんだ。客とはナマでやっていない。キスさせていない。それが彼氏に対する貞操だった。

ところがワンツーになると、それではお客さんが悦ばないからサービスするようになった。ワンツーになるとナマが主流になった。お店が初見《しょけん》のお客に、『話聞かせてください』ってアンケートをとる。『サービスはどうでした？　時間はどうでした？　ナマでしたか？』って聞く。お客としてはだから安心して遊べた。最低限これだけのサービスがあるんだってことだから。当時は女の子より、お店についている客が多かったね。あの店なら落胆することはないだろうって」

ソープの上客は警察

ソープの世界ほど建前と本音をうまく使い分けた職種はない。

昭和三十三年に施行された売春防止法によって、日本では、主に金銭を得ての性交渉は禁止された。当人の自由意思による場合は刑事処罰の対象とはならないが、公衆の目に触れるような方法での売春勧誘（ポン引き）、売春周旋、売春契約といった、業者が管理するいわゆる管理売春は処罰対象になった。

プロの業者によるシステム化された売春は、アウトになった。これは経済的困窮のために身を売らざるを得ない子女を救うため、親が子を働かせようとすることを防ぐために設けられたことだった。

当人同士、自由意思にもとづくカネを払って、あるいは払うことを契約しての性交は、この限りではない。そもそも法律を施行した政治家、官僚、といった男たちこそ金銭の媒介によって複数の愛人をもっている場合が多い。自由意思にもとづく金銭を媒介にした性交を禁じたら、自分たちこそ処罰の対象になってしまう。

昔から今に至るまで、日本におけるもっとも代表的な売春産業はソープランド（トルコ風呂）であった。スチームバスを使う客は一人もいないのに、浴室にスチームバスを置いているのは、あくまでも個室浴場（サウナ）という建前である。

店の受付で入浴料を払い、浴室でことが済んでからソープ嬢にサービス料を渡すのも、あくまでも個人的な自由意思による支払いであって、管理された性交ではないという建前である。

部屋にベッドではなく無骨な固いソファが置かれているのも、ここはホテルではなくあくまでも浴場であるという建前である。

おおっぴらに店名を出して営業できるのも、この店はあくまでもサウナである、という建前だからだ。

性産業に従事する女性たちの職場を奪わないため、建前だけ通してくれれば黙認しようという、日本独特のあうんの呼吸、みなまで言うな的な温情と調和の世界である。

それに、この手の性風俗産業の最高の上客はほかでもない、取り締まり側の警察なのだから。

沖縄サミットの時期に沖縄ルポをしたとき、地元のソープは客の列ができるほど活況を呈した。警備のために各県から招集された機動隊員たちが、つかの間の慰撫《いぶ》をソープに求めたのだった。もしもソープが御法度《ごはっと》になったら、もっとも困るのは血気盛んな若き警官たちを擁した警察だろう。

ぼったくりもなく、所定の時間内に確実に性欲を満たすことができるソープは、不祥事を嫌う警察にとって都合のいい娯楽に違いない。

ソープの監督官庁は地元保健所であり、保健所と警察はソープ業者にとって、もっとも重要な接待相手である。

「お店側は週刊誌に女の子を載せてアピールしたいけど、あまり目立ちすぎると警察に目をつけられるんで、ぎりぎりの接点を模索していた。せめぎ合いだよね。警察の様子を見ながら、ああ、ここまでは何もなかったから、次はこの辺まで行こうかって、それで少しずつ緩和されていった。おまわりさんも、これしたら駄目とは言わない。あくまでも店が判断する。警察の保安課、今で言う生活安全課がけっこう店に遊びに来てたからね。もちろん店側の接待で」

ソープ嬢のヒモ

「ソープの常連さんが役得なのは、素人が入ったときに最初に相手させてもらえること」

「そういうNさんも、取材では常連だったじゃないですか」

「おれは講習だもん」

「新人ソープ嬢の講習役？」

「講習の台になった。台」

「台？」

「そう。ベテランのソープ嬢が新人に実技指導する。ローションを体に塗って客を洗う泡踊りとか、マットで客の体を行ったり来たりするマットプレイとか、その通りに新人がするんだよ。そのとき俺が台になったの。相手役。

　本来は店長が務めるんだけど。店長がやる場合はイッてはいけないんだよ。バカにされちゃう。示しがつかない。君のテクではおれはまだまだイカないよ、というのが店長の尊厳だから。それを聞いていたから、発射したらまずいなと、ずっと我慢していた。なかなか経験できないこと、いろいろさせてもらったなあ」

　N氏はソープ嬢と従業員たちの慰安旅行に同行して、記事をものにしたときもあった。

　慰安旅行は熱海、下呂《げろ》温泉、ソープ嬢のヒモも同伴を許された。宴会の後、店のボーイさんは、酔ったソープ嬢たちから嬉し恥ずかしオモチャとなった。

「ヒモとはどんな男ですか？」

「優しくてマメだよ」

「生業《なりわい》は？」

「無いよ。ソープ嬢の稼ぎの半分以上もらうわけだから。二百万稼いでいたら百四十、百五十万もらう」

「そんなに!?」

「そう」

「あるソープ嬢はヒモが厳しくて稼ぎをほとんど取られちゃうから、靴の中に一万円札隠して、貯まったら部屋から出て行った。でもねえ、出ていっても誰かに頼りたくなって、また男つくるんだよ。純粋なヒモではないけど、彼氏としてはお店の管理職、店長とかそういうのが多かったな」

「そういうNさんは？」

「プレゼントもらったことはあるよ。ロレックスの時計とかネクタイ。でもヒモにはならなかったよ」

「ヒモ、いけたはず。付き合ったでしょう？」

「付き合ったよ。だけどね……」

「Nさん会いたさに、ソープ嬢が何人も会社までやってきたって有名な話ですよ」

「別れるときに大変だよな。相手に気持ちが入ってしまうと。ヒモさんはそれなりの苦労を味わってるよ。別れるとき、そうとう厳しい修羅場が待っている。ヒモって一見楽そうに見えるけど」

トルコ風呂が封印された理由

トルコ風呂がソープランドに名称を変更したのは、一九八四年だった。

きっかけは一人のトルコ人留学生による。日本に学びに来てみたら、母国の名前が性サービスの際にしきりに呼ばれている。トルコ風呂とは本来、中東の蒸し風呂を指していたのであって、性サービスを指すものではなかった。

当時、トルコという国名が出ただけで、意味ありげに笑う遊び人がよくいた。トルコ大使館を、トルコ風呂の店名と勘違いして電話してくるケースがあった。

留学生は、母国の名前を性サービスに使わないようにと、ときの中曽根内閣の厚生大臣に訴えた。このときの大臣は渡部恒三、後の民主党最高顧問、平成の水戸黄門と呼ばれた政治家である。

トルコ風呂業界も、国際問題になりかけていることを静観しているわけにはいかなかった。厚生省、警察庁の指導によって、一般公募という形で新たな名称を公募した。

だが、流行語大賞のイベントではなく、男と女のデリケートな遊びが対象なだけに、大々的に新語が発表されたわけではなかった。

メディアも先行して新たな呼び名をつけようと競い合った。ＯＬという用語はオフィスレディの略語として、今では女性会社員の代名詞になったが、この造語は『女性自身』が東京オリンピック開催に合わせて提唱したのがもとになっている。それまではビジネスガールの略、ＢＧと呼ばれていた。

新語が浸透すれば、歴史的な造語の生みの親になれる。そんななかで、私が記憶しているのは、「ロマン風呂」が有力候補になった。深夜番組『トゥナイト』で、レポーターを務めた山本晋也監督も、ロマン風呂と呼ぶようになった。

結果として、ボディ洗いのときに泡をなすりつけるプレイと石けんの清潔感から、新名称は「ソープランド」に決まり、略して「ソープ」がトルコに替わることとなった。

ロマン風呂というのは媚《こ》びすぎていた。

国鉄が分割民営化されたとき、国鉄の新しい名称を審査員が公募したところ、「Ｅ電」という奇妙な名称に決まった。Ｇｏｏｄ（いい）電車、という意味にかけているのだろうが、媚びを売っているのがわかると、大衆は反感を感じ口にしない。ロマン風呂もＥ電も同じ運命をたどった。

当初、ソープにも違和感があったが、中立的な語感が幸いしたのだろう。洗剤会社からクレームも来ないで今に至っている。

振り替えの実態

振り返れば、ワンツーのソープが隆盛を極めた八〇年代は、ソープ業界にとっても、また風俗業界にとっても幸福な時代だった。

その後、バブルを迎え、ソープは高級化に拍車がかかり、総額三万円のワンツー店はむしろ大衆店になった。

バブル崩壊、失われた二十年というデフレ時代が続き、リーマンショックが追い打ちをかけ、風俗業界のなかでも吉原ソープは打撃を受ける。わざわざ交通の便が不便な吉原ソープまで繰り出さなくても、自宅に来てくれるデリヘルに男たちは快楽を求めた。

寂《さび》れる吉原ソープでは、一時期、「振り替え」という悪習がまかり通った。

女優クラスのソープ嬢をずらりと取り揃えたソープの広告。それを見て指名した客が、鶯谷駅南口から店の送迎車に乗り込む。

運転手が申し訳なさそうな顔で、話し出す。

「お客様、あいにくですが、指名された女の子がさっき生理になってしまいまして……。もしよろしかったらもっといい子、お付けしますが」

運転手のこんな発言もある。

「あの子、性格が悪くて、先ほど付いたお客様が怒って帰ってしまったんですよ。もしよろしかったらもっと性格がよくて可愛い子、お付けしますよ」

いずれの発言もすべて嘘、指名したソープ嬢は店に存在しない。客を呼び込むための囮《おとり》広告なのだ。どんな手段をつかってでも店に客を連れてくることに必死になった末の手口だ。やる気満々だった客は、指名したソープ嬢ではなくても、持て余す欲望をはき出そうと、振り替えられたソープ嬢で我慢する。

だが、裏切られた客は二度と来ないだろう。

吉原ソープが寂れた一因だった。

「あれはね、女の子と運転手が手を組んでいるケースがあるんだよ。お客一人連れてきたら千円渡すとか」

デリヘル興隆の源流

吉原ソープの家賃が高騰し、毎月の家賃が七百万、八百万円もするようになると、いくら儲かるからといっても、ソープ店を経営するのもきつくなる。

ホテトルの誕生は、ソープの家賃高騰と関連していた。家賃がかからず、事務所に女の子を待機させてホテルに派遣する、ホテトルが人気を集める。

新風営法によって深夜零時までしか営業が認められないソープや店舗型ヘルスに対

し、ホテトルは二十四時間営業、雑居ビルの一室を借りれば運営できる。

遊ぶ側も吉原まで足を延ばさなくても、新宿、池袋から電話してホテルに呼べる。女の子も、ソープのように必死にサービスする必要もない。ホテトルだったら体を洗って、あとは寝るだけ。女の子にとっても手軽だ。ホテトルはデリヘルとなって今に至る。

「デリヘルで風俗も変わりましたね」

「変わったね。いちばん影響を受けたのはソープじゃないか。上質な女の子がデリにいることがわかれば、わざわざ吉原には行かない」

「ソープは古典芸能の域になった」

「近いな。その目的のためにだけ吉原に遊びに行くのと、この辺で待ち合わせして一緒に動けるのとは気持ち的に違うよな。鶯谷も安心して遊べるようになったし」

その昔、男たちに安らぎを与えてくれたソープ嬢たちは今、どこで何をしているのだろう。

「ソープ嬢はこの辺には住んでいない。新宿・池袋・浅草界隈のロングステイできる安いホテルだね。仕事柄、住まいは近くないほうがいいんだよ。プライベートタイムが仕事場に近いと、精神衛生上よくない。俺が知ってる子で、新宿に住んでた子が二人いたかな。あと小岩に一人。タクシーで行き帰りしていたよ。往復で五千円。

男がいると送り迎えしてもらう。見栄《みば》えがいいヒモだといいけど、そうじゃない男に送り迎えされるのは自分の見栄《みえ》もあるし。だからいい車買い与えたりしてたよ。見栄を張るために、男にいい格好させるんだよな。いい服買ってやったり時計、宝飾品とか。ヒモはヒモ同士で情報交換するんだね。稼ぎはどうかとか、景気がいいか悪いか」

ソープ嬢のその後

「さっき時間があったから、風俗店紹介所に行ってみたよ。変わったなあ」

鶯谷のラブホテル街を舞台にした多国籍の女たちによるデリヘルの大流行に、かつての伝説の編集者は感慨深げだ。

紹介所の無料パンフレットは、デリヘルの女の子たちの紹介がきらびやかに載っている。まるでＡＫＢ48の総選挙のように、愛らしさを誇った載せ方だ。若くて、可愛くて（大分水増しの子もいるが）、何回戦でもできて、しかも安い。

Ｎ氏の知る廃《すた》れた風俗の鶯谷は、今ではポップな風俗地帯として人気を博している。

「昔はソープ嬢に韓国系はほとんどいなかった。入管問題があったから、外国人を使うのは無かったんだよ」

「当時、アジア系差別はありましたか？」

「遊びの世界ではあんまり感じなかったね。むしろ外国の女とやれるっていうほうが強かった。アジア系でもタイ、インドネシアはＮＧに近かったけど。中華系、韓国系は人気があったよ」

「なんでタイ、インドネシアはＮＧ？」

「やっぱり肌の色が問題じゃないかな。中華系、韓国系は日本人に近いだろ」

ドトールの外では、昼間から女を待つ男たちのいつもの光景がある。

「知り合ったソープの子たちで、その後もプライベートで連絡取り合ったのが六人いたけど、完全に足洗ったのは一人だけだったよ。『国鉄職員と一緒になります』って結婚していった。あとは行方不明になったり、ソープに戻ってきたり。

彼女たち、ほとんど幸せになってないからね。金はいくら頑張っても貯まらない。使っちゃうよ。ホスト遊びだけじゃなくて、生活のレベルを上げちゃったから抜けきれないんだよ。僕らの一万円を千円札の感覚で使っていたから。ゲイバーに繰り出してチップやるときに、一万円札割り箸に挟むからね。金銭感覚がずれてるから、元に戻れない。

三十代後半のソープ嬢の印象的な言葉をよく憶えてるよ。『もっと早くこの仕事やればよかった』って。若かったらもっと稼げたって、そういう感覚だったから。なかなか辞められない」

昼間の鶯谷は、昭和の空気を漂わせている。

「昔、自分が使われていたときのノウハウを使ってデリヘルをやってるママさんがいるけど、甲斐性がないとできないし、金がないとできない。事務所用意して、女の子用意して、広告料出さないといけないからね。この辺一週間ぶらぶらしてたら、俺の知ってる子に会うかもしれない。当時三十歳前後だから、もう六十四、五になってるか」

鶯谷はすべてを飲み込み、今日も胎動《たいどう》を始める。

「せっかく来たんだから、もうしばらくこの辺ぶらぶらしてみるよ」

N氏は陽光の街に溶け込んでいった。

第五章　鬼門封じと悦楽の地

縄文時代は山手線まで海だった

漆黒の暗がりが広がっていく。

いったいここは東京なのか。

江戸時代なら追いはぎが出てもおかしくないのだろうが、これほど暗くては、追いはぎですら視界がきかず、近づかないだろう。

鶯谷駅北口から言問通りの高架を歩き、線路の反対側、上野桜木町まで歩くと、暗がりに迷い込んだ。木立と無人の建物が延々と続く。

墓石と卒塔婆《そとば》が見えた。

寛永寺の霊園に突き当たると、視界が広がる。暗闇の彼方にカクテル光線のような空が浮かび上がり、鶯谷駅周辺のラブホテルが妖しくそびえている。

霊園もラブホテル群も、夜になるとまた異なる顔になる。

はるか彼方に、下町のランドマークとなったスカイツリーが靄《もや》に浮かんでいた。

今どきの東京ではあまり見られない靄も、おそらくこの辺り一帯の木立と、広々とした寛永寺の霊園、国立科学博物館、東京藝術大学、上野公園といった清涼な空間が、発生の源となるのだろう。

山手線と京浜東北線が鶯谷駅を通り、鉄路が高台側と低地のホテル群を分ける。

私はふと、亡き父の鉄路の心理的影響について思い起こしていた。

亡き父は、私鉄に勤務するサラリーマンだった。主な仕事は電車の製造である。埼玉県所沢を本拠とする職場で働いてきた父は、西武池袋線が所沢駅を通り、大きくカーブを描き西所沢駅に向かう線が及ぼす心理的影響について解析していた。

おそらく、池袋線にガードがいくつか架《か》かっているので、高いクレーン車や大型トレーラーは通行が困難で、池袋線の外側には高い建物が建っていない。あるいは心理的に高い建物は負担になるのだ、と言っていた。

たしかに、亡き父の言うように、カーブを描く池袋線の外側は急に建物が小型化している。内側に大きな建物が集中しているのだ。

これも鉄路が人間心理に与える影響だろうか。

鶯谷駅のホームから見ると、寛永寺側の高台は迫りくる崖《がけ》のようで、この光景は田端駅から鶯谷駅まで続き、城北地区の山手線の特徴的な景色になっている。

この崖は日暮里崖線《がいせん》とよばれる。はるか縄文時代には、ここまで海が広がっていた海岸線であった。

縄文時代の温暖化で、海がここまで浸食してきたのだ。

田端・西日暮里・日暮里・鶯谷駅と続く山手線は、まさしくこの日暮里崖線に沿って上野まで延びていく。山手線の一部が縄文時代の地形によってルートが規定されたともいえよう。

私たちが何気なく乗っている電車も、縄文時代以来の歴史と無関係ではいられない。崖の上は高台になって、文教施設を形成している。

線路とは反対側の低地とはまるで異なる、インテリジェンスの世界が広がる。日当たりが良く、水害もない高台が富裕層の住まいや文教施設になっているのは、この辺り一帯だけではなく、国内中どこでも同じだ。

私がかつて住んでいた新宿区下落合《しもおちあい》でも、高台に上がるほど豪邸が増え、教会や近衛文麿《このえふみまろ》が住んでいた街が広がる。渋谷区松濤《しょうとう》も大田区田園調布《でんえんちょうふ》も、高台に行くほど高級感が上がっていく。

権力者の居住地も高台にある。

明治の元勲《げんくん》・山縣有朋《やまがたありとも》邸も目白の高台に建ち、広大な敷地は現在、椿山荘《ちんざんそう》になっている。ほど近い音羽《おとわ》の丘には、鳩山一郎元総理大臣の鳩山御殿があり、隣接する目白の高台には田中角栄元総理大臣の御殿がある。

低地には、海岸線がすぐ近くまで迫っていた名残として、岸・沼・沢・砂といった漢字が地名に入り、太古を忍ばせる。

鶯谷の正式地名である「根岸」という地名も、海岸がここまで迫っていた名残とも言える。

〈根岸から金杉、三ノ輪にかけては、細長い微高地で、正式には根岸砂州と呼ぶ。これは、沿岸流によって運ばれた砂などが堆積してできた高まりで、かつては上野台地の直下まで海が入り込んでいたことを物語っている。（中略）地形的には上野台地と根岸砂州の間の、谷間と言えなくもない低地が鶯谷だ。〉『凹凸を楽しむ　東京「スリバチ」地形散歩2』より

浸食していた海岸線が引き、低地になった所は「下町」として、庶民たちの住む広大な居住地帯となった。

鶯谷の聖と俗を分ける境界線が山手線だと定義づけたが、街をよく見ると、そこには日暮里崖線という地理的な環境が力を貸していたのだ。

関東平野は日本最大の平野である。行けども行けども山は見えず、秩父山脈ははるか彼方だ。

広い平野に違いないが、関東平野は何度も隆起を重ねた結果、坂がやたらと多い。

女房の故郷である青森県北津軽郡に行ったとき、自転車で津軽平野を走った。

岩木山が彼方に見える。水田をぬって道が延びる。私は自転車をこいで岩木山を目指したのだったが、行けども行けども津軽富士は近づかない。

走っているうちに気づいた。こんなに走っているのに疲れていない。

関東平野と違って、津軽平野は坂が少なかった。

川の浸食によって穏やかに形成された沖積《ちゅうせき》平野なのだ。

平野でも個性がある。

あまりにも広大な平野のために、気づかぬような広大な崖が東京を走っていた。

陰陽道が江戸をつくった

江戸から東京にいたる都市の形成史は、オカルティズムから成り立っていた。

一五九〇年、徳川家康は豊臣秀吉から関東への移封《いほう》命令に従い、江戸城に移った。

一五〇〇年代は京都を中心にした関西地区が日本の中心であり、要するに家康は飛ばされたことになる。

もっとも家康にとって関東地方に飛ばされたことは、結果的に幸いした。当時は片田舎でしかなかった関東平野も、地理学上からいえば日本最大の平野であり、未開発の穀倉地帯が広がり、漁業も林業も可能性を秘めた芳醇《ほうじゅん》な土地であった。

天下を取った家康は、広大なこの平野に幕府を開き、太田道灌《おおたどうかん》が築いた質素な江戸城を大規模な城に変えた。

江戸の街を自由にグランドデザインできたのだから、さぞややりがいもあっただろ

寛永寺霊園からスカイツリーを望む

う。新しい都市をどうやって建設するか、その基礎になるものが必要になる。当時は建築学も都市工学も無い。

そこで権力者はどうしたか。

外国から輸入した仏教は、神道よりも理論的にすでに確立されていたので、権力者にとって国家運営の頼もしい理論になった。

時の権力者と高僧が繋がっていく。家康には天海《てんかい》がいた。

天台宗僧侶の天海は家康・秀忠・家光三代にわたり絶対的な帰依《きえ》を受け、江戸幕府護持のために大がかりな建造を指導した。

その一つが今、鶯谷を見下ろす丘にある寛永寺だった。

新たな首都である江戸を築くとき、天海は京都の平安京をモデルにした。

京都御所の鬼門《きもん》にあたる比叡山に延暦寺を置いたように、天海は江戸城の鬼門にあたる所に寛永寺を置いた。

寛永寺が上野桜木町に置かれたのも、鬼門封じとしての意味があった。

鬼門とは陰陽道《おんみょうどう》によって定義づけられたもので、方角でいうと北東にあたり、鬼が出入りする方角として忌《い》むべき方角とされている。

鬼が入るのを封じるために、霊験あらたかなものを配置する。江戸城の北東で、地質がしっかりしている土地に建てた寺院、それが寛永寺であり、神田明神であった。

鬼門の反対側にあたる南西が裏鬼門で、この方角も忌み嫌われる。そこで裏鬼門封じが赤坂日枝《ひえ》神社や増上寺《ぞうじょうじ》になった。

江戸城は風水思想の観点から見ても、いくつもの台地に囲まれて、水利もよく、理想的な立地条件であった。

鬼門封じのもとになった理論、陰陽道の発祥は中国であり、日本に持ち込まれてからは独自の秘技となった。

陰陽道の根幹は、陰陽五行説《いんようごぎょう》がもとになっている。陰陽説は森羅万象《しんらばんしょう》すべて陰陽二つに分けられ構築されているとする。男と女、火と水、明と暗、夏と冬、昼と夜。概念は、対立ではなく相対である。

五行説は、世界は「木・火・土・金・水」の五つから成り立っていると説く。陰陽説と五行説の組み合わせによって、すべての現象と事象、近未来がわかるとされ、古くから陰陽師が占術を使うようになった。

最近では、陰陽師・安倍晴明《あべのせいめい》人気のおかげもあって、陰陽道が脚光を浴びるようになった。

安倍晴明と宿敵、蘆屋道満《あしやどうまん》の華麗な対決がドラマティックな関心を呼び、若い世代を中心に陰陽師がブームになった。

安倍晴明を意味するセーマン、蘆屋道満を意味するドーマンは、陰陽師の呪術図形となった。陰陽道は密教とも結びつき、日本独自のオカルティックな発展を遂げる。

オカルティズムが江戸をつくった、というとトンデモ本になってしまいがちだが、寛永寺の公式ホームページにも堂々と記述されている。

〈寛永寺は、寛永二年（一六二五）慈眼大師《じげんだいし》天海大僧正《てんかいだいそうじょう》によって創建されました。徳川家康、秀忠、家光公の三代にわたる将軍の帰依を受けた天海大僧正は、徳川幕府の安泰と万民の平安を祈願するため、江戸城の鬼門（東北）にあたる上野の台地に寛永寺を建立しました。

これは平安の昔（九世紀）、桓武天皇の帰依を受けた天台宗の宗祖・伝教大師《でんぎょうだいし》最澄《さいちょう》上人《しょうにん》が開いた比叡山延暦寺が、京都御所の鬼門に位置し、朝廷の安穏《あんのん》を祈る鎮護国家の道場であったことにならったものです。

そこで山号は、東の比叡山という意味で東叡山《とうえいざん》とされました。〉

喜多院の護符

都市工学もなかった江戸時代は、密教や陰陽道が都市計画の根幹をなしていた。

天海というと、川越の喜多院《きたいん》を再興した高僧としても知られている。

喜多院は私が在学していた県立高校のすぐ側《そば》にあり、しばしば訪れたものだ。

あの頃は天海といってもピンとこなかったが、江戸幕府の創建時を今掘り起こしていると、川越と江戸の深い関係を感じる。

喜多院の護符《ごふ》は、魔除け災難除けとして角《つの》大師、豆《まめ》大師の独特の図案である。私が幼い頃、隣家の玄関口に、黒い悪魔のような絵と小さな僧侶が幾重にも描かれた不思議な絵が貼られていたのを憶えている。

悪魔的な図案は天台宗僧侶、良源《りょうげん》が鬼の姿に変身して、疫病《えきびょう》神を追い払ったときの姿であり、小さな僧侶の図案も良源の姿である。

陰陽道も密教も仏教も、難解で呪術的な色合いが強いのは、他者の介入を嫌うことによる。職能集団として他者を排除した特権的存在として君臨するために、あえて難解で呪術的な体系を唱えているのだ。他者が介入しにくくなるように、結界《けっかい》を張っているのだ。

オカルティズムとはいえ、江戸城も江戸という都市も、陰陽道が都市計画に決定的な影響を及ぼした。

寛永寺側の高台は結界を張り、鶯谷駅方面から迫り来る欲望の波を防いできた。

その結界の外側にあたる鶯谷は、ピンサロ、ソープ、ファッションヘルス、ＳＭクラブといった店舗の無い幻の花街として栄華を極めている。見えるのは艶《つや》やかなラブホテル群だけだ。

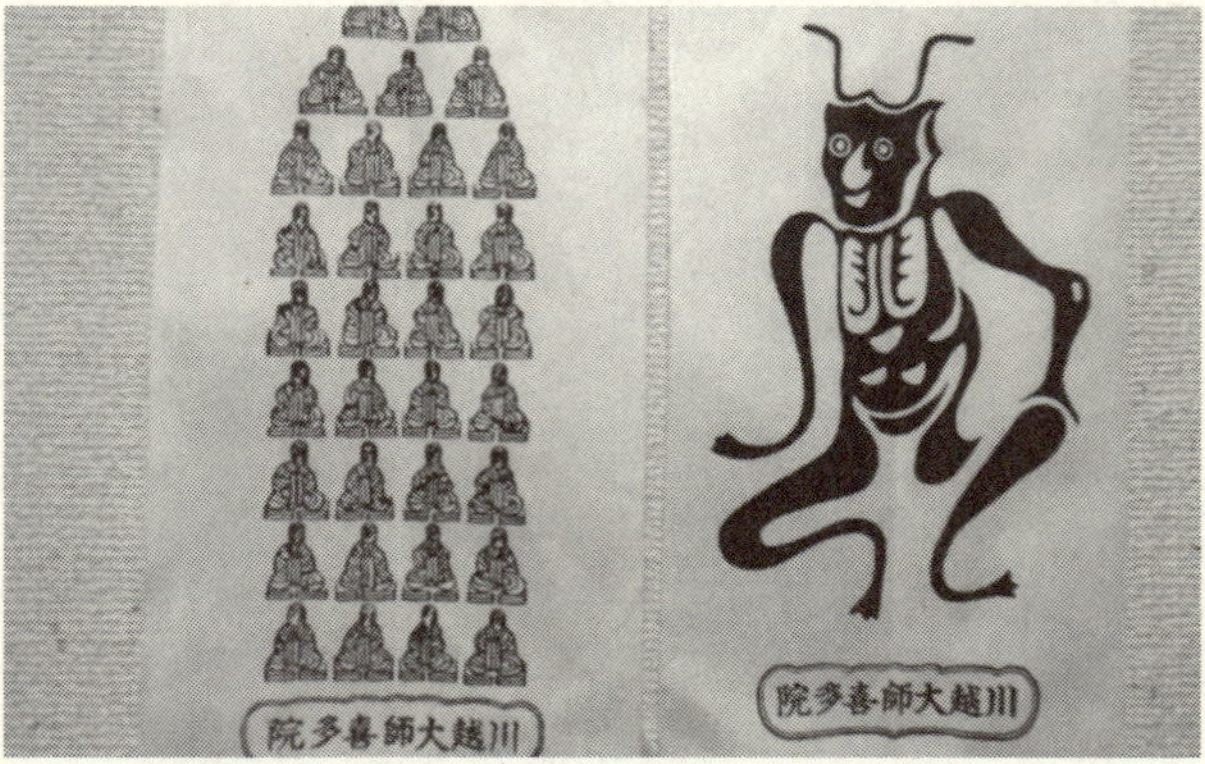

川越喜多院の護符

店舗が無い風俗街というのも珍しい。

デリヘルのメッカとして君臨するここ鶯谷には、ユニークなデリヘルが営業中だ。

鶯谷ならではのデッドボール風俗

もっとも個性的なのは「鶯谷デッドボール」であろう。

店名が暗示するように、ここの女たちはデッドボールをくらったかのような面々だと、店自らが紹介している。

〈地雷ガールの濃厚危険球！　貴方のバットで見事打ち返して下さい。消える魔球からピンボールまで、迷・珍選手たちの多種多様な艶熟ボールを体当たりで体感して下さい。風俗を止めたい方から各種宴会の罰ゲームまで、遊べば夫婦関係円満！　彼女の有り難さ倍増！　都内随一危険球専門店　鶯谷デッドボールへようこそ！〉（ホームページより）

店の子とプレイすれば、自分の彼女や奥さんがあらためて綺麗に思えるというほどの、レベルの低さを売りにしている。

鶯谷の他にも池袋、歌舞伎町、西川口という風俗ベルト地帯に出店し、人気を集めているのだから、怖い物見たさというものだろう。

他の風俗店で不採用になったり、クビになったり「即退場の危険球」レベルを取りそろえる。風俗嬢にとっても、この店は終着駅という。残念ながら、私はまだ指名したことがないが。

流れと滞留

繁華街というのは、作ろうと思って作れるものではない。

今や全国あちこちでシャッター街が問題になっている。駅前の好立地なのに客が集まらず、シャッターが降りたまま街が寂《さび》れていく。

繁華街に必要な条件とは何か。

人が多く流入してくることは必須だ。

だが人が大量に入ってきても、素通りしてしまっては繁華街にはならない。ただの通過地点だ。

渋谷、新宿、池袋、銀座、赤坂、上野、目黒……繁華街には人が集まり、通過することはない。

繁華街の条件は、多くの人が入ってくる所であり、適度な滞留《たいりゅう》が必須となる。

流れと滞留。

これがうまく噛み合って繁華街が生まれる。

以前、ＮＨＫアーカイブスで、一九六五年当時のドキュメンタリーを放送していた。感慨深かったのは、山手線でもっとも乗降者数の少ない駅が原宿駅だとレポートしていたことだ。表参道でデートや買い物をすることがブームになるのは七〇年代半ばであり、六〇年代はまだ、明治神宮のお参り以外は利用されない寂れた駅だった。

原宿がこれだけ栄えるようになったのも、原宿駅から表参道にウインドーショッピングしながら歩いていける交通の便の良さが挙げられるが、ただそれだけでは繁華街に成長はしない。繁華街には適度な滞留が必要になってくる。

原宿の場合は、表参道をまっすぐ青山通り方面に向かう途中、明治通りにぶつかる。大きな交差点に人が滞留する。さらに表参道を進むと、今度は青山通りに突き当たり、滞留する。人の流れと適度な滞留の見本のような街だ。

鶯谷は高台側に寛永寺、国立科学博物館、国立博物館、国立西洋美術館、東京藝大、上野公園といった集客を見込める大きな施設が控え、反対側の低地には、老舗の和菓子店、商店街、住宅地が控えている。人の流れとしては十分にあり、滞留させるのは駅周辺のラブホテル街が威力を発揮している。

南口での殺人事件

人間は死を目前にすると、本能的に生殖欲が高まる。寺院の近くに色街があるのは〝精進落とし〟の意味合いからだろうが、根底にあるのは、人はお参りした後に死の恐怖を振り払おうと、生殖欲が刺激されるからだ。

寛永寺の霊園から鶯谷駅方面を見下ろすとラブホテル群が迫る。

平日の昼間、上野桜木町の寛永寺霊園をぐるりとまわり、鶯谷駅南口ロータリーの前に出た。

ロータリーといっても、大型バスがUターンできない小さな広場である。まるでひなびた田舎の駅舎前といった光景で、私の好きなスポットの一つだ。

昼のホームからは鶯の鳴き声がする。

どこかに巣をつくっているのかと一瞬、辺りを見渡すが、鶯はいない。代わりにスピーカーがホーホケキョと啼《な》いている。

E電では蹉跌《さてつ》を踏んだJR東日本だが、なかなか粋《いき》なことをする。

南口ロータリーに昼間立っていると、この時間帯からもう綺麗な女性たちが、小走りにタクシーに乗り込む光景に出くわす。彼女たちはこれからタクシーで吉原まで出勤するソープ嬢だ。ハイヒールに大きなバッグを持つ彼女たちは、副都心や丸の内の

OLとは異なる独特の艶《あで》やかさが漂っている。

南口階段を降りたところにある立ち食い居酒屋「ささのや」は、夕方から香ばしい焼き鳥の匂いをさせていた。この辺りの店は、大阪通天閣《つうてんかく》周辺の雰囲気によく似ている。

南口ロータリーは、日だまりの広場といった安息を感じさせる。

だが時には事件も起きる。

二〇〇〇年八月三十日午前八時二〇分ごろ、通勤通学ラッシュのさなか、鷲谷駅南口で四十代女性が覆面をした三、四人に取り囲まれてめった刺しにされ死亡した。殺害されたのは明治大学生協の女性職員だった。襲撃したメンバーたちはワゴン車で逃走した。

被害者は革労協（革命的労働者協会）反主流派メンバーで、襲ったのは主流派だった。

革労協はもともとローザ・ルクセンブルグというポーランドの女性革命家が唱えたルクセンブルグ主義をもとにした党派で、中核派やブントのようなレーニン主義による過激な運動体とは異なる、どちらかというと穏健派であった。七〇年代に入って他のセクトが過激な武装闘争に傾斜するようになると、革労協も過激さを増してくる。組織というのは路線闘争が起きると、過激な主張を唱える側に主導権が移りやすくなる。

革労協は革マル派と激しく対立し内ゲバをおこなってきたが、九〇年代になるとセクト内で対立が生じ、主流派、反主流派が争う事態になる。刺殺事件の半年前、真鶴《まなづる》駅で中年男女が刺される事件が起き、男が死亡、女が重傷を負った。その事件に対する報復とされた。

事件から十三年が経過した。鶯谷駅南口ロータリーは吉原への玄関口として、日々の暮らしに傾斜する人々の足場として佇んでいる。

入谷の朝顔市と人妻

鶯谷は空が高い。

線路によって区切られる高台側、寛永寺の霊園、上野公園には高層ビルが無いために、高台側は空が広い。線路の反対側、根岸、入谷《いりや》方面でも超高層マンションやオフィスビルが無いために空は広がっている。

明治時代、鶯谷一帯は田んぼが広がり、今では見られなくなった様々な生き物が棲息していた。

「我らの住みたる処は今、鶯横町といへど昔は狸《たぬき》横町といへりとぞ」、と正岡子規が『墨汁一滴』で書いたように、この辺りは狸が棲息していた。

狸がいるなら狐もいた。

新聞記者・鶯亭金升《おうていきんしょう》（一八六八〜一九五四）は、育った根岸が鶯の名所だったことから、自らの戯号《ぎごう》に鶯亭を名乗った。よほど故郷に愛着があったのだろう。

明治から昭和にかけて新聞記者として活躍してきた鶯亭金升が、『明治のおもかげ』（岩波文庫）という回想記を残している。

このなかで「狐が巾を利かした時代の王子からかけて根岸や上野も、近い頃まで狐の世の中であった」と記している。

根岸の梅、蓮池といった風流な点景も書き残している。春の入谷田んぼの緑と梅、空には鶯やほととぎす、カワセミが飛び交い、夏にはひぐらしが物悲しげに啼いていた。

子規が夏の夕方、上野の森を通って帰宅する途中、フルツクホーソと声がする。同じ声が根岸の子規庵まで聞こえてくる。

フルツクホーソとは、フクロウの鳴き声のことだった。

今の鶯谷からは想像もつかない風雅なこの地域に、富裕層は競って邸宅を建て、愛人との密会用に別邸をこしらえた。

岡埜《おかの》や金太郎飴、羽二重団子といった銘菓はこの地だからこそ生まれ、育《はぐく》まれた。

日本画家の鏑木清方《かぶらききよかた》（一八七八〜一九七二）は、東京に六十六年間住み、明治期の東京をよく知っていた。『随筆集　明治の東京』（岩波文庫）では、鶯谷とその周辺の名産品として、根岸の煮山椒《にざんしょう》、谷中《やなか》の生薑《しょうが》を挙げている。

生薑は柔らかで辛くなく、味もよく、根岸から日暮里辺りでよく採れた。

入谷の朝顔市も鶯谷エリアの風物詩だ。

朝顔まつりは、毎年七月六日から八日までの三日間開催される。

入谷鬼子母神《きしもじん》を中心に百二十軒の朝顔業者と百軒の露店が言問通りに並び、毎年四十万人の人手でごった返す。

この地に朝顔つくりが盛んになったのは、入谷田んぼの土が朝顔つくりに適していたとされる。花粉の交配によって様々な種類の朝顔が生まれ、明治中期に入谷の朝顔業者は最盛期を迎える。

その後、世界恐慌や戦争もあって、入谷の朝顔市は中止されたが、昭和二十三年、地元有志と下谷観光連盟の力で、入谷の朝顔市が復活した。

入谷の鬼子母神が有名なのはこの朝顔市と、「恐れ入谷の鬼子母神」というご利益あらたかなことを指したこの名セリフであろう。

夏の日、浴衣姿がこの辺りを埋め尽くす。

地元で生まれ育ち、現在は港区で暮らす人妻がいる。あるソーシャルネットワーキングサービス（ＳＮＳ）で日記をつけている。そのときの名前からここではマリコさんと呼んでおこう。

　四十歳、夫と子ども一人。

「昔、母とよく鬼子母神の朝顔市に行きました。浴衣着て。その帰りに『笹乃雪』で豆富料理食べました。下町の人は遊び人ですから。わたしの母が下町育ちなんですね。下町の遊び人です、昭和初期から。下町の人、江戸っ子はみんな遊び人ですよね。小さい商売してたり老舗と呼ばれていたりしてると、ある程度自由になるお金があるんで、みんなで博打《ばくち》したりするんです。

　母なんかいまだに三社祭《さんじゃまつり》行くし、上野に行ったら、どこのお店に食べに行くか、よく知ってるし。叔母さんは長唄やっていたり、母も都々逸《どどいつ》と株やっていたんですよ。観劇もしたり、いろいろ遊ぶのが大好きなんです。

　下町の遊び人って、宵越《よいご》しのお金はいらない、人生楽しくないと生きてく価値がない、お金なんていっぱい持っていなくても人生楽しく生きていければっていう雰囲気がありますね。わたしはそういうことを母を見て知ってたんです。だからわたしも女子大にいた頃から、家を出て一人暮らししてたんです。バーでバイトしたりしてなんとかやっていけましたよ。バイトが終わったら遊びに行くぞーって、朝までやってる居酒屋に繰り出すんです。母に似て派手なことが大好き。六本木にも飲みに行くし、地元も大好きだし。

千葉生まれの友だちがいるんだけど、全然感覚が違います。遊びの規模が違うの。こっちの下町のほうが大胆で楽しく遊ぶ。居酒屋でも脇目も振らず大騒ぎしちゃうし。気取るのが好きじゃないんですよ。東京では他に下町って、品川がちょっと鶯谷に似てるかも」

マリコさんとは私のブログを通して知り合った。

仕事の連絡先として、ホームページに私のメールアドレスを明かしてあるのだが、それを通して、本の感想と相談ごとのメールをくれたのだった。携帯から送られたせいか、スパムメールに紛《まぎ》れ込んでいて、うっかり削除するところだった。

どういうわけか、たまたまスパムメールをチェックしていると、気になるメールがあったので確認してみたら、マリコさんからのものだった。ときたま、こんな直感みたいなことが当たるものだ。

マリコさんは夫とすれ違いの日々が生じ、夫が家に帰らなくなる日が増えたこともあって、不満をSNSの日記に書き出した。すると日記を読んだ男たちからメールが来て、やりとりしているうちに会うことになって、自然と男女の仲に、という話だった。

「わたし、すごい性欲が強くて、毎日してみたいなあって思ってるんです。男の人ってこういうときにどうするんでしょう? 男性が中年になると、エッチになるって聞きますけど、四十路《よそじ》女も同じなんだってわかりました。したくてしたくてたまらないときがあるんです。若いころよりずっとリアルに……。

ママ友から『SNSやってるのよ』って聞いて、わたしもやりだしたんです。〝40歳・人妻〟って素直に書き込んだら、ものすごい数のメールが返ってきたんです。えーなに、これ？　主婦ってこんなに人気があるの？　ってびっくり」

隆起した一物写真を送ってくる男

マリコさんは大手電機メーカーの幹部とも、サイトを通して知り合った。

大企業の幹部や弁護士、税理士といった社会的信用度の高い男たちは、身元がわかると困るので、交際クラブを使わず、出会い系サイトやSNSで知り合うきっかけを求めたがる。

マリコさんの日記を読んで、以前から付き合っているような錯覚に陥り、交際を申し込み、付き合いだした男が数人いる。

「鶯谷のラブホテルで会ったりしてるんですよ。不倫してると変化ありますよ。下着とか。凝ったほうがいいかと思って、ガーターベルトとか網タイツとかジャスコで買ったもので、あとはピーチジョン。安くて可愛くてサイズが豊富でいいですよ。通販で出てるんです」

人妻•マリコさん

マリコさんと不倫相手との連絡は、一〇〇パーセント携帯メールだ。

マリコさんに携帯の受信メールを見せてもらった。六十代の大手電機メーカー幹部から頻繁に来るメールには、まるで男子中学生からのメールのようにハートマークが咲き乱れている。男はいつでも恋愛をしたがっているのだ。

もう一人、七十過ぎの公認会計士からもメールが毎日のように来ている。ハートマークはないが、擬音入りだ。

マリコさんからの返事が遅いことが不満らしく、メールには「プンプン」という擬音が目につく。マリコさんからメールが来たら「ドキドキドキ」。年齢の割に元気がいいところを見せようとしてか、白髪交じりの陰毛の中から隆々とした一物を撮った写真を添付してきた。

社会的ステータスがあっても、男と女の関係になると、一介の男にすぎない。

「愛を求める人がいるんですよ。断っています。わたしは愛は差し上げられませんって」

アロマテラピーの女

鶯谷をめぐる人々の暮らしを探ってみた。

「〝Ｎａｌｕ〟とは、ハワイの言葉で〝波〟を意味するんです」

以前、友人の紹介で知り合った長谷川愛さんが、鶯谷の隣街でアロマテラピーを開いたという。

西日暮里駅から歩いて二分のビルの一室で経営している「トータルリラクゼーションアロマスパＮａｌｕ」という店舗は、二〇一三年九月一日に開業した。

それまでは近くのアロマテラピーの店で働いていた。

「その前に七月二十三日にプレオープンしたんですよ。この日は父の命日だったんです。お父さん、酒飲みで糖尿病になって足が壊死《えし》して、こたつに入って死んでいた。だからこの日、オープンするから見守っていてねって」

長谷川さんの両親は、あることがきっかけで知り合い結ばれた。

「当時、整備士をしていたお父さんがテレビ番組に出たんですよ。お見合い番組って言ってた。そしたらお父さん、イケメンだったから段ボール箱四箱ファンレターが来て、その中から選んだ人と文通が始まって、デートして結婚したんです」

生まれたのが、この店の経営者・長谷川愛さんだった。

「子どもができて生活費が前よりかかるようになったんで、お父さんはタクシー運転手になったんですよ。好きでやったわけではないので、ストレスが溜まってお酒飲んで。夜も運転するんで、昼寝るようにするんだけどなかなか寝れなくて、お酒飲んで寝るようになったんです。だんだん飲まないでいられないようになって、そのうち暴力ふるうようになって。けっこうハードでした。アルコール依存症です」

サーフィンが好きな父だった。

しかし、体も弱り、それどころではなかった。父とは別居するようになって、しばらくして、亡くなったことを知った。

「家の中で亡くなっていたんです。糖尿病で脚も壊死していた。動けない状態で酒を飲んで、こたつに入って死んでいたって弟から聞きました。死に目に会えなかったので、いまだにどこかで生きてるんじゃないかって思う」

長谷川さんは仕事と恋愛といろいろ悩みが重なって、食事が喉を通らず、水を飲むくらいしかなくなった。

鬱になった。

「夜寝れない、死にたいとずっと泣いていました。わけもなく」

不調は続いた。

仕事も暮らしもどうにもならない。

そんなある日、友人が見かねて、海に行こうと誘った。

うながされてサーフィンをやってみた。

「ああ、かっこいいなと思って、わたしもサーフィンできたらいいなって言ったら、やってみる？　って。海に行くようになってから人が変わった。パワーが出るんですよね。自然の力ってすごい。サーフィンに夢中になって、鬱がみるみる回復したんです。びっくりするくらい。鬱って治らないと言われているけど、薬もいらないし、寝れなかったのが寝れるようになったんです」

大好きだった父の血を受け継いだのか、サーフィンは娘を救った。

その後、アロマセラピストとして人を癒やす仕事に就くようになった。

西日暮里駅前ビルの七階が仕事場になった。ベッドとソファ、流行りの籐《ラタン》がメインの家具。セラピストは、バリ島風の長いスカートに黒のTシャツ姿だ。

日暮里・西日暮里はアロマテラピーや中国洗体の店が多い。なかには性感マッサージ同様の店もあるため、長谷川さんの店もときどき、勘違いした電話がかかってくるという。

経営者やサラリーマン、教師、ゴルフ選手、様々な人間が心身の癒やしを求めてやってくる。

私も生まれて初めて、アロマテラピーとやらを受けてみる。

アロマ=香り、テラピー=療法。

花と葉っぱと果肉がすべてアロマとなる。安らぎの効果があるのか、体に塗られてマッサージされているうちに寝てしまった。

隣接する鶯谷はいつも通る街だという。

「鶯谷は人が多い印象ですね。あとはラブホテル。小綺麗にした女性や中年の女性が大きなバッグ持っているんで、すぐ（デリヘル嬢と）わかりますよね」

仕事が忙しくなって、サーフィンはできないでいる。

アロマテラピーの店は、生き残るのが十軒中一軒という厳しさだ。

大海に船をこぎだした長谷川さんの航海を祝して、部屋を出た。

静寂から喧騒《けんそう》の世界が待っていた。

アダルトグッズの帝王

「鶯谷に来たのは三十数年前、その頃からラブホテル街はありましたね。奇怪千万、おどろおどろしくてすっきりしていない場所ではあるなあ。利用客も商売専用ですね。この頃、うちの近くの公園に車がたくさん停まっているんですが、デリヘル、韓デリが多い。中国系もいる。日暮里は国際色豊かですよ」

日本最大のアダルトグッズの問屋・メーカー「日暮里ギフト」を率いる奥伸雄《おくのぶお》代表は、手入れの行き届いた髪、スタイリッシュな服、快活な笑顔、アダルトグッズを扱う一大メーカーの代表というよりも、テレビプロデューサーのようだ。一九四六年大分県生まれ、六十七歳。

一九七九年、日暮里の地に「日暮里ギフト」を創業。ビニ本から電動コケシ、ダッチワイフ、ローションといった日本最大級の商品数を扱うだけでなく、オリジナル商品を開発、業界一の企業に成長させる。社会人になる二人の子どもがいる。

「同志社大学商学部を出て、テレビ局に入ったんですが、そこを二年で辞めました。もともと映画監督を目指していたんです。監督になるために上京して、岡本喜八監督のもとに行って、勉強させてくださいと頼み込んだんですけどね、『私はあなたを養うことはできない』ということで……。私は共同作業が駄目で……。合わせてやっていけないんですね。だったらシナリオライターという道もあるだろうって、シナリオライター目指したんだけど、まあ才能に見切りをつけたんですね」

高給取りで知られるテレビ局に残っていれば、プロデューサーとして今頃、相当の地位に上り詰め、高収入を得ていただろう。

映画監督、シナリオライターの夢は、三十歳を過ぎたときにあきらめた。

世田谷区経堂《きょうどう》のアパートで夢破れ、次に何をしようか模索していたときだった。

アパートが突然、煙と炎に包まれた。

奥伸雄はからくも脱出した。

家財道具はすべて灰燼《かいじん》と化した。火事の原因は隣に住むヒッピーの寝たばこだった。

野外に放り出された奥伸雄は困り果て、学生援護会が出していた求人情報誌を広げ、給料が一番高い、上野にあった雑貨卸業に面接に行ってみた。実家が商家だったこともあって、商売ならなんとかやっていけるだろうと思ってのことだった。

面接が終わり、奥伸雄が連れていかれた倉庫には、見たこともない不思議な代物《しろもの》が山積みされていた。

「うちは大人のオモチャ扱うところなんだけど、仕事、やれる？」

三十年以上前、大人のオモチャは、ひなびた温泉宿や地方のうらぶれたプレハブの店でひっそり売られていた時代である。今よりもマイナー感が漂い、偏見の目で見られる業界であった。

「腰掛けがわりに入ったんですから。日雇いでお金がもらえればなんでもよかったんです。まったく違う世界だったけど、カルチャーショックでもなかったですね。大学卒業してからテレビ局を辞めて映画監督になろうとした十年間が大変でしたから。死ぬか生きるかでしたから。自分は死ねない。だったら生きるしかない。その頃結婚したこともありましたし」

一九七九年、三十三歳になると奥伸雄は独立し、日暮里の地に「日暮里ギフト」を創業した。

雑誌の広告や求人をするとき、雑貨業として出さないと掲載してもらえない。そこでギフトという名前にした。

「なんで日暮里を選んだかっていうのは、当時、地方に商品を送ろうとすると、国鉄の駅に商品を持って行って、ターミナルから貨物にして運ぶしかなかったんです。駅で代引きを扱っていたんですね。

上野でもよかったんだけど、駅の代引きのコーナーは狭くていつも混んでいて、並ばないといけない。時間がもったいない。日暮里の代引きのターミナルが出荷数が少ない割に、すごく立派だったんですよ。車も持ってなかったから、私が台車で日暮里駅まで運んだんです」

日暮里・鶯谷というエリアだからこそ、迎え入れられたとも言えよう。

売れに売れた商品

一九七九年当時、松尾書房から出た『下着と少女』というヌード写真集シリーズが爆発的に売れた。神田神保町《じんぼうちょう》の芳賀《はが》書店でこの手のヌード写真集をビニールで封印して販売したところ、秘密めいた内容なのではないかと客が期待して猛烈に売れた。ビニール本、通称ビニ本の誕生だった。

日暮里ギフトが扱う商品の主力は、八〇年から一気に市場を席巻《せっけん》したビニ本になった。

「ビニ本は売れに売れましたね。ほんとに儲けましたね。あれだけ売れる商品はもう出ないいんじゃないかっていうくらい。八百円が仕入れ値で卸値千円。売る値段は千八百円から二千円。お客さんは地方からビニ本を買いに来るんですけど、取り合うんですよ。『それ、俺が買おうと思ったやつだ！』『早い者勝ちだ！』って。ビニ本の売れ行きは異常でした。消しもだんだん薄くなって、アミ八〇パーセントが最後には四〇パーセント。それで版元は（警察に）みんなやられた。でもアダルトグッズがあったから、ビニ本が廃《すた》れても大丈夫でした。

あの頃は、玉入りの電動こけしが売れました。世界で初めて。それまでは玉が入ってなかったんですから。アダルトグッズの世界では、日本人の器用さが受けて、今やシンガポール、香港、台湾、中国で日本のアダルトグッズがブームになってるんです。アメリカ、ヨーロッパでも、アダルトグッズの企画立案のもとは、みんな日本製ですから。またパクっているなってわかります」

器用な日本人の世界基準はこんなところまで及んでいた。

アダルトグッズの世界にビジネス感覚を導入した奥伸雄の「日暮里ギフト」は順調に業績を伸ばし、今ではあらゆるアダルトグッズがここに集まる。

「日暮里ギフト」の事務所のビル壁には、「Ｓｉｎｃｅ １９７９」のプレートが貼られている。

社内では、黒人の青年が輸出のために海外企業との交渉を英語でやりとりし、日本人青年がパソコンに向かって製品のデザインに腐心し、若い女性が熱心にデスクワークしている。机に置かれている電動バイブやオナホールが無ければ、まるで雑貨品のデザイン工房だ。

「海外では電動コケシが一番強いですね。向こうでは女性が買うんですよ。日本では今でこそ女性が買うようになったけど、オーストラリア、EUではほとんど、女性が買ってます。だから電動コケシも逆グリップじゃないと使いづらいので、それ用に製造しています」

電動コケシのネーミングは、性具として販売すると、薬事法違反で検挙されてしまうからだ。あくまでもこれはコケシであって、目、鼻、口がある。ソープランドの使用していないスチームバスのような役目なのだ。

「よその新製品を横から横に動かしてマージン取ってるだけのほうが楽かもしれないけど、満足いかないところが出てくるんですよ。それで問屋だけじゃなくてメーカーも始めたんです。なんでAV売らないのか、と言われたりしましたが、拒絶反応があるんです。女性の裸を売ったら逮捕される。そういう懸念があるんです」

創業者は大胆にして繊細である。

中国で起きたハプニング

奥伸雄代表も参加したアダルトグッズ、AVの総合産業展を上海で催したときのことだった。お堅い中国で初めて催された大規模かつセクシャルな一大イベントは、大反響をもたらした。

「日本のAV女優が水着になって登場するので、客がずっと動かないんですよ。公安がブースに来だしたんで、まずいなあ、逮捕されるかと思った。でも最終日になると、公安が来て、『何時からやるんだ』って、客に混じって見に来てるんだから。アハハハ」

アダルトグッズの世界も、リーマンショックとデフレによって、打撃を受けた。

「私の仕事は十年前がピークで一番良かったですね。今は下りきって、これ以上下がると危ない横ばい状態です。この前、香港に行ってきたんだけど、日本の飯代の三倍しましたからね、高いですよ。日本は香港に比べるとデフレですね。売値が安くないと売れないから、利幅がないんです。

他の業種もそう。うちだけじゃなくて弁当も車も居酒屋もみんなそう。利幅減らして値段下げて競争でしょう。自分たちの首を絞めているだけです。十年間ずっと利幅下げて値段下げる競争ばかりだから。繁盛しているように見えるけど、利益出ていない所も多いはずです」

奥伸雄さんは谷中霊園を散歩コースにしている。この辺りは歴史の表舞台に何度も立った場所だ。

寛永寺は、明治維新のときに彰義隊《しょうぎたい》が集結した地点であった。

「羽二重団子のお店、ねぎし三平堂の近くにあるでしょう。尾久橋通りか。あそこに彰義隊の案内板があるんですよ。彰義隊っていざ戦闘になると逃げ腰で、前もって逃げ道をつくっていたって。浅田次郎が二〇一二年日本経済新聞に連載した作品『黒書院の六兵衛』にも出ていましたよ。江戸城明け渡しのとき、旗本たちもお上に忠誠尽くした人間はいなくて、保身で動いたって。谷中霊園の近く、逃げるために芋坂っていうのがあったって」

建前と本音は人間に付いて回る。理性と本能の葛藤に悩まされるのは人間の常である。

鶯谷をめぐる旅はまだ続く。

第六章　秘密は墓場まで

看護師が部屋を訪れる

私が初めて鶯谷に足を踏み入れたのはいつだっただろう。

二、三十年前のことのように思えるが、記憶の中ではっきりしているもっとも古い鶯谷体験は、一九九八年十月、『FRIDAYスペシャル』（講談社）の連載で夕刊紙の三行広告風俗の潜入取材をしたときだった。

夕刊紙の三行広告に出ている怪しげな風俗に一介の客として潜入し、体験してみる。頭の中に彼女たちの発言を記録し、終わったら即座にノートに記録していく。

〈本物の准看から正看まで在籍！　白衣を脱いであなたの看病いたします〉

鶯谷のオール看護師専門店という触れ込みの店だった。

医療関係をうたっていて、肛門専門を特徴にしている。看護師専門のアナルプレイという個性的な店は、ここ鶯谷ならではだろう。

鶯谷のラブホテルに入って呼んでみた。

あきらと名乗る重量級の女が登場。

鞄の中からベッドに並べたのは、アナルローター、アナルバイブ、アナルローション……。

我が国の売春防止法では、金銭を媒介にした性交行為を禁止しているだけであって、肛門はその範囲内にない。箱型（店舗型）ヘルス店でも堂々とアナル性交はオプションにうたわれていたりする。

あきらと名乗る女は、勤務しているという病院内の話をしだした。

「先輩からこのお店紹介してもらって。うちの病院って給料安いんですよ」

私の女房の妹が看護師だったので、具体的な看護師の日常を見聞きしていた。あきらさんが話す病院の内容は、あながち偽《いつわ》りとも思えない。話がリアルなのだ。

店側から現役看護師の演技指導を受けているとしたら、見事と言うしかない。

あきらさんはこんなことも漏らしていた。

「うちの病院の先生と六人、エッチしちゃいましたよ。いちばん上は五十六歳で、あっちが役に立たないから、聴診器とかクスコを使うんですよ」

親にも同僚にもこのアルバイトは秘密にしていると言っていた。

あきらさんは尻の穴にローションを塗り、四つん這いになった。

残念ながら私は性に関してはコンサバ。話だけすることにした。

私がこの体験を記事にしたとき、あきらさんの外見を、未来の横綱候補であったある力士にたとえた。

すると後日、その力士から強硬なクレームが来た。私は他意は無かったので、詫びの文章をしたため「以後、文筆業に精進いたします」と結び、九州場所の部屋に速達で送った。

この力士が大関昇進したとき、使者を迎えてのあいさつで「以後、相撲道に精進いたします」と同じ表現をしていたのを聞き、内心ほっとしたものだ。

あきらさんは私がアナル体験をしなかった代わりに、ずっと肩を揉んでくれた。

このときの話は、雑誌掲載後『〈風俗〉体験ルポ　やってみたら、こうだった』（宝島SUGOI文庫）に再録している。

ちなみに費用は、プレイ代二万五千円、ホテル代五千八百円、合計三万八百円。

デリヘル全盛の現在から十五年前の料金を比較してみると、かなり割高である。現在の〝鶯谷発〟風俗は、この料金よりずっと安い料金で最後までできる。

デフレととるのか、風俗業の進化ととるのか。どちらにしてもこのときは、霧雨に煙り、やたらと寒かった記憶がある。

夜陰の鶯谷ホテル街に消えたあの看護師、今頃どうしているのだろう。

不思議なことだが、一度遊んだ風俗嬢と街角や喫茶店でばったり再会するということは、めったにない。今も鶯谷を使っているのだろうか。

鶯谷、四年前

鶯谷駅北口に近い言問通りの根岸交差点を、ひっきりなしに車が行き交う。

歩道橋の下に立ち、私はいつか見た光景だと気づいた。

黒革の能率手帳を広げてみると、「二〇〇九年一月十四日午後四時、鶯谷駅北口、副編集長待ち合わせ」と記入している。

「即尺人妻デリヘル　ワイフドア」の超売れっ子デリヘル嬢にインタビューしたときの日付だ。

インタビュー前に写真撮影で、『PENT-JAPANスペシャル』（ぶんか社）の副編集長が歩道橋の下で彼女を撮った。

信号待ちの大型トレーラーの運転手が粘つく視線で、超売れっ子デリヘル嬢を見つめていた。

青信号になり、走り出す他の車の運転手もみな、彼女に一瞬、視線を向ける。

前述のあきらを取材したときは、こちらの身分を隠しての潜入取材だったが、今回は同誌に連載していた人妻風俗嬢インタビューだった。

店を通して取材を申し込み、話を聞く。

「ワイフドア」というのは、店名どおり、人妻による各種プレイを売りにしている。

店の宣伝文句より――

〈ディープキス・即尺・しつこいアナル舐め・足の指舐め・乳首舐め・玉舐め・ぐりフェラ・スクリュードライバー・69・素股・口内発射・お掃除フェラ・時間内無制限（強制二回戦）と……これくらいは当たり前なんです‼〉

本番以外はなんでもあり、「シャワーを浴びずにお待ちください」とうたっており、ホテルのドアを開けたら即、あいさつ代わりに口と舌で客の性器を刺激する。

一昔前のデリヘルは「ただやるだけ」といった単純作業だったが、デリヘルも進化したものだ。

客は洗っていないおのれの一物をほおばられて、戸惑いながらも頭に血が上る。

取材したデリヘル嬢は、この店の人気ナンバーワンだった。

裸を仕事にする女たち、風俗嬢やＡＶ女優というのはたいてい小柄で、平均身長よりも数センチ低い。大柄な風俗嬢もいるにはいるが、少数派である。

いったいなぜ、裸を仕事にする女たちは小柄な子が多いのか、私にとって前から解けない謎であった。

歩道橋の下に立つ彼女もまた小柄だった。本人に聞くと、百四十五センチだという。

小柄ゆえに男たちから可愛がられ、つい甘い言葉を投げかけられて、気づいたら脱いでしまうのだろうか。小柄な女は気が強いと昔から言われるように、裸の世界でも度胸を決めて飛び込んでくるのだろうか。

四年前、鶯谷発の風俗で人気を集めた「ワイフドア」のデリヘル嬢インタビューの一部を拾ってみた。逢田《あいだ》しずかという名前にしておこう。

デリヘル嬢の半生

逢田しずかには、二人の兄と一人の妹がいる。

しずかが幼い頃、未亡人の母は、兄二人としずかを連れて近所の真面目な男性と再婚した。

連れ子三人を抱えて再婚した母は、近隣でも美人妻で通っていた。

再婚してまもなく妹が産まれたのだが、夫婦仲がうまくいかなくなった。

義父は毎晩ビールを飲み、酔っぱらい、あたりかまわず当たり散らした。

それに母親がいないときに限って、義父が中学生のしずかの背中にベビーパウダーを塗ってくれる。

塗っているとき、つい義父にもたれてしまったら、固い物が当たった。

父というよりも、異性だった。

お彼岸。

亡くなった父の墓参りをした帰り道、二番目の兄がしずかに近づき、何か耳打ちしようとした。

いったいなんだろう。

まさか義父と母が離婚するんじゃないかしら。

母親はのんびりと空を見上げながら前を歩いている。

兄が意を決したように言葉を繋いだ。

「亡くなったお父さんは、実は……自殺だったんだよ……」

「兄から聞いたら、病死じゃない。自殺だって……。うちの両親はそろって学校の先生だったんですよ。実の父は視力障害になって、仕事人間だったから、目が見えなくなると家族を養えないって思い悩んで……。事情を知ってるいちばん上の兄が二番目の兄に言って、わたしに伝わったんです。

実の父は三十一歳で亡くなってるんです。そうですね。親戚みんな先生なんです。教頭もいたし、国語の先生もいたし、数学の先生もいたし。わたしは自由に生きたかったんです。開放されたかったんです」

義父と母は一昨年、本当に離婚した。

美貌の母は今、五十九歳。

新しい恋人がいる。

大型トラックの運転手を釘付けにしたしずかの愛らしさは、母親ゆずりらしい。


――ちっちゃくて得したことは？

「知らないおじさんが、料理屋で勝手にわたしの分払ってくれたりするんです（笑）。お金払おうとすると、さっきのおじさんが払ってくれたって。たこ焼き屋に並んでいたら、おじさんが後ろの子の分だって、払ってくれたりするし（笑）。コンビニに行くと、知らないおじさんが、肉まん、食べる？　って（笑）」

――おじさんに愛されてる。

「おじさん、好きなんです」


関東地方のある高校を卒業すると、前から憧れていたエステティシャンになろうと、都心で暮らすことに決めた。

都内で一人暮らしをしていた、いちばん上の兄のところに転がり込み、大手エステチェーンに就職。美容の腕を磨き、ゆくゆくは独立して店を持とうと夢見た。

だが、現実は甘くなかった。

エステチェーンは、チケットを高い金額で客に購入させ、チケットが切れそうになると、さらに継続させようと大勢で取り囲み、なかなか帰そうとはしない。カネを持っている中年婦人には、百万円以上の高額なコースを強引に契約させた。

しずかは「この世界でやっていけない」と思い、退職した。

初体験は二十歳のとき、相手はサービス業をしていた一つ上のサラリーマンだった。彼女と別れたから俺と付き合おうと交際を申し込まれ、素直に受け入れて、躯《からだ》もまかせた。

激痛とともに処女を失った。

出血しなかったことに男は、しずかが処女じゃなかったと疑いだした。

「彼は彼女がいたけど、別れたって言うから付き合ったんです。でも、別れていなかったんです」

男と別れた。

エステティシャンの夢破れ、アパートで独り身の孤独に耐えていると、兄が冷蔵庫を開けて、しずかに文句を言い出した。コーラを勝手に飲んだだろうと怒っている。たった一本のコーラをめぐり、仲のよかった兄妹は大喧嘩となり、とうとうしずかはアパートを出て行くはめになった。

高収入の求人情報誌を広げる。

兄の部屋で暮らせなくなり、住まいが必要だった。

水商売の店で、寮完備と書いてある。

面接に行くと、控え室で口ひげを生やした中年男が愛想笑いを浮かべて、しずかをもてなした。

「うちはこの裏が店になってるんだ。ちょっと覗いて、試しに仕事してみて、気に入ったら、今日から寮に入ってもらっていいんだよ」

宿なしのしずかには願ってもない話だった。

薄暗い店内を覗いた。鼓膜を振るわす大音量とともに、乳房を剝《む》き出しにした若い女の子が、中年男にしがみつかれ、唇をふさがれていた。隣では、乳房をわしづかみにして、男が乳首を吸っている。

「ハイハイ！　四番テーブルさん、お願いしまーす。ハッスルハッスル！」

そこはおさわりパブだった。

「マイク持ったお兄さんが、『何番テーブル、お願いします』って言うのは、女の子に、もっとちゃんと触らせろという合図なんです。おさわりパブはお客におっぱい舐められても、拭かないから不衛生ですよ。キスありで、下も触らせる。そこはハードなお店でした。指入れもありましたから。それしないと寮に入れないと思って、その日からわたしもしましたよ。あそこに指入れられたら、すごくヒリヒリして泣いちゃったんです」

若くて小柄で愛らしいしずかは、たちまち人気ナンバーワンとなった。稼ぎがよくなってくると、女の子が身銭を切って自分の好きな服を着られる。しずかは、ミニのチャイナドレスとミニのドレスを作り、店に出た。ミニがとてもよく映えるとあって、しずかの人気はさらに高まった。

中年男たちの中に毎夜体をまさぐられるしずかを、思い詰めたように見つめる男がいた。

アルバイトのボーイだった。

二人はいつしか、男女の仲になっていた。

「寮を出て、うちにおいでよ」

ボーイの誘いで、しずかは寮を出た。

恋人の前で他の男たちにまさぐられることに、しずかは耐えられなくなった。そこで、トップレスパブに転職することにした。これなら裸になっても、触られる心配はない。

ボーイもおさわりパブを辞めて、バーの雇われ店長となった。

二人は懸命に働き、近い将来結婚するものと思っていた。

だが、男に借金があるのが発覚した。

店の家賃が支払えないと、雇われ店長の責任で立て替えないといけない。積もりに積もった借金は二百万円に達していた。

しずかは、彼氏に内緒で今度はファッションヘルスで働き、彼氏の借金を肩代わりすることにした。

「わたしって、どうしてだか、男運がないんです。彼氏が過労で入院したら、見知らぬ女がいたんです。浮気相手が御見舞いに来ていたんですよ。ドラマみたい。バーに飲みに来ていた女の子だったんです。わたしはバーで一緒に働こうと言われていたけど、彼氏が女の子と話すの見ているの嫌じゃないですか。断ってきたんです。

そしたら彼氏は、わたしよりそっちの新しい子を取ったんですよ。『別れましょう。その代わりちょっとでいいから、少しずつでもお金返してね』って言って別れました。でも……二十万しか返ってこなかった。母親が彼氏の親に電話したら、『子どもたちの問題だから、うちは関係ない』って……」

もう普通の仕事には戻れなかった。

今度は、手こきの仕事についた。

ビデオボックスに客が入り、AVを鑑賞している途中、室内に入って、手こきで抜く。

一時期、あちこちに出現した手こき付きのビデオボックスである。

「ヘルスを経験してるんで、なんて楽なんだろうって思いました。そこはソフトなので、可愛い子が多かったですね。三十分三千円コースで、女の子の手取りが千円。友だちが働いていたので、教えてもらったんです。手にローション塗って、逆手でこするんです。カリ首のところこうやったり（逆手で烏龍茶のペットボトルを陰茎に見立てて、再現する）。あとは、あそこに入ってるように両手で包むんです。それで根本を握る。

ビデオはおまけみたいなもので、女の子が来るのを待っているんです。発射は手で受けとめる。一日二十人抜くから、手首痛めましたけど。手こきは、手で抜かれるのが好きな人、Ｍっぽい人ばかりでしたね。

いろんな男の人のあそこも見てきました。普通のおじさんだけど、粗チンで、わたしの小さな手で隠れちゃうの。指でこするんです。『小さい』って言うと、かえって興奮して、すぐイッちゃうの」

最初、風俗の仕事に飛び込んだときは緊張感で目眩《めまい》がしそうだったが、今では鶯谷の路地裏で立ちションしてる男を背後から見て、一物がどんな形状をしているか妄想を働かせるようになった。

結婚は遠のいた。

しずかは、サラリーマンと付き合ったことがなかった。惚れた男はみんな土木作業員だった。たくましくて、ご飯をいっぱい食べて、作業着を汚して帰ってくるところも健康的で好きだった。

でも付き合う男はたいてい不良だった。

『警察24時』に映ったことがあると自慢していた元暴走族もいた。

友だちの紹介で新しい作業員と交際した。

ベッドでフェラチオしていると、新しい男がため息混じりにこぼした。

「うまいなあ。俺が指名してるピンサロ嬢よりうまいよ」

しずかは一瞬、固くなった。

「おまえ、まさか昔、デリヘルでバイトしてたりしないよな？」

現役で人妻即尺デリヘルに勤務してる、とは言えなかった。

舌使いを途中からゆるめ、ぎこちなくしたら、かえって男は刺激的だったらしく、あっという間に果てた。

男と結婚したが、亭主の稼ぎだけでは心許《もと》ないので、デリヘルの仕事は内緒で続けた。

雑誌に載るのは夫にバレる危険性があるのだが、ダンナは雑誌を読まない、と信じているので被写体になった。記事に出れば集客にも繋がる。

消えたデリヘル嬢

インタビュー記事の最後はこう結ばれている。

〈「風俗って、男の人にとって必要なのかな。最初のうちは、結婚してるのになんで来るのかすごい不思議だったんですよ。でも最近、素人に手を出されるより、お金払って遊んだほうがいいのかなって思うようになりました」

夢……夢はなんだろう……。

「夢は、生まれた町に帰りたい。都心の一人暮らしは孤独です。恐い。もし自分に何かあったら誰かが見つけてくれるんだろうけど、孤独死って恐い。大家さんが来るだろうけど、それまでの期間が長いし恐い。飯島愛……発見されるまで何日間でしたっけ」

しずかは、どんなに辛いときがあっても、死を選ぶ気にはなれなかった。〉

インタビューの最中、しずかは、「死にたいという気持ちはない。もったいない。生きてるってすごい」と言っていた。

亭主は、化粧品の営業をしている、と思っている。

あれから四年。

出入りの激しいデリヘル業界であるが、はたしてしずかは在籍しているのだろうか。

「ワイフドア」はまだ営業していた。

過当競争の激しい業界で四年続いているのは、客から支持されているのだろう。

電話をかけると担当者が出た。

「しずかさんは退店してますね。ええ、もう大分経つと思いますよ」

デリヘルで働いていた女が引退すると、まず消息はつかめない。店に尋ねても不明だった。他店のホームページを覗いてみても、しずかに似た女は見当たらなかった。

「ワイフドア」の担当者が話す。

「時代が時代ですから、鶯谷だけでなく池袋も新宿も渋谷も五反田も同じですね。波がありますね。オリンピック誘致が決まって、これから浄化運動で厳しくなるんじゃないですか」

商店街を覗いているうちに根岸交差点に出た。

見覚えのある歩道橋だ。

小柄でブーツがよく似合う子だった。

今頃、良妻におさまっているのだろうか。

東電ＯＬ殺人事件

東電ＯＬ殺人事件が起きたのは一九九七年三月十九日、渋谷・円山《まるやま》町のアパートの一階空室で、東京電力本店に勤務する三十九歳女性の遺体が発見された。

被害者は慶應義塾大学経済学部卒、東京電力の中枢で働く社員で、新進エコノミストの権威ある賞・高橋亀吉《たかはしかめきち》賞佳作を受賞するなど、女性エコノミストとしても注目されていた。

そんな超エリートが夜な夜な、渋谷円山町のラブホテル街に立ち、客を引く売春業の中でも最底辺の「たちんぼ」だったという衝撃の事実が判明。アパートの空き室で、客と性交後に殺害されたのだった。

複数の常連客もいたり、ホテル街での奇行も目立ち、地元では知る人ぞ知る女性だった。

昼は超エリート社員、夜は最底辺のたちんぼという二つの顔が世間を震撼《しんかん》させた。

犯人は被害者の客でもあった料理店店長のネパール人・ゴビンダとされたが、一審無罪、二審無期懲役、最高裁で無期懲役が確定するが、遺体内から発見された精液のＤＮＡがゴビンダのＤＮＡと異なり、再審が認められ、異例のスピードで釈放され無罪が確定。ゴビンダ氏の獄中生活は十五年間に及んだ。

「東電ＯＬ」は、聖母と娼婦の二面性を持つ、心のバランスが崩れた女性、という記号にまでなった。

日本中を騒がせたこの事件は、私もまた『月刊現代』で取材し、報告した。

この地で箱型ヘルスを経営している男が、白塗りの女性がたちんぼをしている姿を何度も目撃していた。彼いわく、地元でも有名で、駐車場で放尿したり、コンビニで立ち食いしたり奇行が目立ち、ラブホテルによっては彼女を出入り禁止にしているところもあった。

行きずりの男たちを客にしていた他にも、複数の固定客がいた。

東京電力という日本トップの大企業で働く女性社員には相当の給料も支払われていたのに、毎夜、低料金の街娼をしていたのはいかなる理由だったのか。識者が様々な推理をしてみた。

殺される数ヵ月前に愛人によって撮られた全裸写真には、骨と皮が目立つ拒食症を患《わずら》っているかのような体が写っていた。このことから精神のバランスを崩し、街頭で軀を売っていたのではないかという説が出てきた。

父親が亡くなってからホテル街に出没するようになったことから、父親喪失による精神的飢餓感説、あるいはエリートゆえにストレスが溜まり、バランスを保つためにあえて街頭に立ったという説もあった。

私が取材した中に、被害者と同じ大学卒で、被害者と最後まで愛人関係にあった経営コンサルタントがいた。

被害者女性が彼に電話をかけてくるときはいつもコレクトコールだったという話を聞き、金銭に対する桁外れの執着心は、依存症的なものを感じさせた。

記述が憚《はばか》られるようなプレイをしていたのを聞くと、食と性のコントロール喪失をうかがわせるものがあった。

東電ＯＬは心のバランスを崩し、エンジン回転が上昇したまま崖から落ちてしまったのではないか。

東電ＯＬは鶯谷にいた

鶯谷という磁場は、日本中を騒然とさせた東電ＯＬ殺人事件の被害者までも引き寄せていた。

被害者は渋谷円山町のラブホテル街でたちんぼをする前は、鶯谷のホテトルに在籍していた話を複数筋から聞いた。

なかでも山手線大塚駅周辺のホテトルに在籍していた奈緒美という三十一歳のホテトル嬢から聞いた話は具体的だった（『やってみたら、こうだった〈人妻風俗〉編』収録）。

奈緒美はデパート家具売り場で働いていたが、パチンコ依存症に陥り、もっと高額の給料が出る会社を探して、一日三万五千円という高給の会社に面接に行った。

「そしたらそこは、SMクラブだったのね。わたし、SMってまったく知らなかったから、話を聞いててもちんぷんかんぷんで、実際に道具とか見せられて実習するときに初めて、ああ、SMってこうやるんだってわかったの。びっくりしたけど、もうやるっきゃない。かえって知らなかったからできたのかもしれない。知ってたら、やってなかったんじゃないかなあ」

店ではSとMの両方をやらされたが、Mのほうが合っていた。

連日、鞭とローソクと言葉責めに心身が消耗し、次に入ったのが鶯谷のホテトルだった。

「SMクラブでは本番はなかったけど、ここでは本番ありでしょ。最初のうちは緊張してたけど、わたしには鞭やローソク使うよりも、肌と肌を合わせるこっちのほうが合ってたの。この辺、鶯谷って、吉原に近いからどうしてもソープ的なサービスを求めるお客さんが多いのね。

それにナマでやろうとする人、すごく多い。せっかちなお客さんが多かった。変なお客もいたわよ。お金盗まれたときがあったわ。二十代半ばくらいの肉体労働者風の男の人。シャワー浴びてるうちに、さっと財布の中身抜かれたの。顔まで覚えているわよ。常習者ね、あれは。女々《めめ》しいしゃべり方に特徴があったわ。すごいショックよ」

鶯谷のホテトル時代、奈緒美はあの東電ＯＬ事件の被害者と同じ店に在籍していたというホテトル嬢と知り合った。

「会社が終わってからやっていたけど、あまりお客が付かないから、すぐ辞めたみたい」

なにも最初からたちんぼをしていたわけではなく、ホテトルに在籍していたのだ。ホテトルはホテルに派遣され、そこで客が期待していた女性でないと、チェンジといって他の女性を再指名できる。

東電ＯＬにとっては、ホテトルよりも直接客とやりとりができて即カネが入るたちんぼのほうが合っていたのだろう。

事件には一つの謎があった。

被害者の定期入れが、渋谷円山町とは方角違いの巣鴨の民家に捨てられていたという事実だった。渋谷エリアと巣鴨エリアという距離の離れている場所に、どうして定期券が捨てられていたのか。

メディアでは最大の謎とされていたが、風俗を知る人間なら渋谷と巣鴨は無関係のエリアでないことくらい知っている。

巣鴨は大塚、鶯谷と並び人妻・熟女風俗のメッカであり、渋谷もまた隠れた人妻・熟女風俗地帯である。

真犯人が渋谷と巣鴨、あるいは鶯谷の人妻・熟女系風俗で遊んでいたなら、被害者の定期入れが巣鴨に捨ててあったのも十分関連づけられる。

ゴビンダ氏がえん罪だったことで、事件は振り出しに戻った。真犯人のＤＮＡはわかっているのだから、迷宮入りにするにはまだ早い。

堕落願望

街の空気を吸い、色彩を感じながら、鶯谷を歩く。

あるときは、宝島社の藪さんと、またあるときはフリー編集者の杉山君と、またあるときは自分一人で歩く。

あてもなく、またあるときは目的地を決めて歩く。

若い頃は自意識過剰で、散歩という行為がどうも苦手であった。年を重ねていくと、日頃の景色により味わい深さを感じるようになり、散歩は欠かせない趣味になった。

知らぬ土地でも見知った土地でも、どちらでも趣がある。生まれて初めて訪れる土地は、自分が生まれる前から存在し、そこに暮らす人々の日々も私と交わることもなく、流れていく。悩みも迷いも、散歩が薄めてくれる。

感じがするわ」

「鶯谷？　現代社会からは少し置いていかれたレトロな、成熟した遊びの街。そんな

青山学院大学の女子大生が鶯谷の印象を語った。

モデル体型をしている彼女は、地方の素封家の娘で、港区のマンションで一人暮らしをしている。知人の紹介で知り合ったのだが、鶯谷ともっとも縁のない女、ということであえてこの女子大生に尋ねてみた。すると意外な答えが返ってきた。

「鶯谷には何度か降りたことありますよ」

青学の女子大生と鶯谷。

もっとも交わらないはずの人物と土地が、交わっていた。

「女友だちが藝大生で楽器習っているの。この前、遊びに行って、マップで見たら、上野駅より鶯谷のほうが近そうだったから、北口で降りて歩いていきましたよ。結局上野駅から行っても変わりなかったという……。でも異様な空気ですよね。駅の前がすぐラブホテルでしょ。次に降りたのが南口で、お墓のほうから歩いていったんです」

「北口はデリヘルの待ち合わせで、南口は吉原ソープのお迎えの車が来たりするんです」

と私が言うと、女子大生は嫌がるそぶりもせず、話に乗ってきた。

「えー。吉原ソープ？　女の人が泡たててなんかするんでしょ。最後までするの？」

女はソープに客として入れないので、男以上にソープに興味を抱いている。実家の親から毎月多大なる仕送りをしてもらっているのに、青学の女子大生は、今月も足りないとこぼす。

「なにかいいバイトないかなあ。わたしソープ嬢できますか？　紹介してくれるんですか。だったら高い店にしてくださいね。やっぱり吉原で働くしかないのかなあ。ひーん、売られちゃうの？」

美脚の上にGカップというこの女子大生に夢中になった会社社長、医師が掃いて捨てるほどいる。そんな女子大生が、冗談とはいえ、吉原やソープという名前が口から出てくるのはエロティックなものだ。

私は以前から、女は堕《お》ちていく自分に被虐的快感を感じる堕落願望を隠しもっていると思っている。

青学の女子大生が放った言葉を聞いて、なおさらそう思った。

紳助の大物ぶり

吉原初体験は、はっきりと憶えている。

一九八〇年五月十六日。

私は吉原のトルコ風呂の待合室でテレビを見ながら、いつ自分の名前が呼ばれるのか待っていた。

画面では、社会党提出の大平内閣不信任案が自民党反主流派の欠席で可決された衆議院の光景が映し出されていた。

いつ自分の出番になるのか、期待と不安で心臓の鼓動が聞こえてきそうだった。

前年にやっと異性との体験をすませた私は、今度はトルコ初体験を果たすことになった。第四章に登場した『週刊大衆』デスクのN氏が、私を体験取材させることで、トルコ童貞を捨てさせてやろうという思いやりだった。

白いスーツを着た三十歳位の地味なトルコ嬢が、三つ指ついて私を出迎えた。

母親以外の他人の手で下着を脱ぐなどということは、生まれて初めてのことだ。

裸になって泡とローションで密着しあう。トルコ嬢の技は巧みであるが、仕事の匂いを感じて劣情を刺激するものではなかった。

トルコ嬢が様々な体位で私を導くのだが、立ったまま背後から交わういわゆる立ちバックというやつが、なかなかできなかった。もっともこんな変則体位、やろうとしたのはこのときだけだが。

終わってから外に出ると、火照《ほて》った体が夜風にあたって心地よかった。少し大人になった気がしたものだ。

鶯谷駅構内通路にある鶯の絵

鶯谷駅ホームから見えるラブホテル群

トルコ初体験のエピソードは、拙著『裏本時代』(幻冬舎アウトロー文庫)で綴《つづ》っている。

あのとき、吉原にはどう行ったのだろう。

おそらくは鶯谷駅南口からタクシーで繰り出したのだろうが、記憶に残っていない。

私は時々連載企画をまかされて、鶯谷駅南口から吉原に繰り出したものだ。

あるときは、人気芸能人をトルコ風呂体験させて、本人とトルコ嬢から感想を聞き出す、たわいもない企画をまかされたときがあった。この手の企画に登場するのは、お笑い芸人や落語家が常である。

立川レーガンを名乗るハーフの落語家がトルコ体験する回を、私が担当した。

彼は何度も改名して現在は快楽亭《かいらくてい》ブラックとなって、落語以外にも映画批評をしたり幅広い活躍をしている。

立川レーガンから入浴直後の感想を聞こうと、店の近くの喫茶店で落ち合った。しばらくトルコ体験の話を聞いていると、出勤前のトルコ嬢が店の前を通るのが窓から見えた。

話を早々に切り上げると、立川レーガンは椅子から立ち上がり、「あの子の店、入ってきます」と、後を追いかけて消えていった。

他の記者が担当した回では、漫才ブームが一段落した一九八一年、島田紳助・松本竜介、略して紳助・竜介というコンビを組んでいた島田紳助が、トルコ突撃体験をすることになった。

好みのタイプは細身の女性らしく、当たったトルコ嬢が太めだったために今ひとつ不完全燃焼のようだったが、撮影用に撮った何枚かのうち数枚は、カメラマンに向けてオールヌードのサービス。ソファに寝そべったすっぽんぽんの姿は、未来の大物ぶりを予感させるかのように股間も大物だった。

あの頃は鶯谷で降りても、この街を味わおうとか、何か面白そうなところはないかと散策してみる余裕もなかった。年齢を積み重ね、鶯谷をじっくり歩くのも心に余裕ができたからだ。

吉原ソープに向かう新人ソープ嬢も、ここ南口からタクシーに乗り込むとき、どんな心情なのだろう。

緊張と不安。そして一線を踏み越えたときの覚悟。

鶯谷駅南口でソープ嬢を口説く男

私が結婚したのは遅咲きの四十二歳だった。

独身主義だったわけではなく、むしろ結婚に強い憧れがあったほうだ。

大学卒業前後に遅咲きの異性体験を果たして、物書き稼業になってからN氏をはじめとした編集者に鍛え上げられた。

女子大生やＯＬと付き合っていたが、なかには風俗嬢もいた。

風俗で働く子たちは寂しがり屋が多い。話を聞くのが好きな私は雑談相手として都合がよかったのだろう。三十代半ばにスランプに見舞われてやっと立ち直ったとき、気取りを捨ててからは、やたらと受けがよくなった。

独身最後のときに付き合っていたのが、吉原のソープ嬢だった。

「鶯谷駅南口でタクシー待つでしょ。声かけてくる男の人がけっこういるの。わたしがソープに行くってわかるのね。『お茶、付き合ってくれませんか』って声かけてくる。断ると、すぐ割り切りでホテルに行く話してくるの」

出勤前のソープ嬢専門に口説く男たちが、鶯谷駅に出没しているのだ。

「それで付いていっちゃうの？」

私が問い詰めると、彼女は「わたしもお店に出てもお茶挽《ひ》きそうだったら、こっちのほうがいいかなって。たまには、ね」と言った。

普段、ソープで働いていることはそれほど嫉妬もしないけれど、外で声をかけられてホテルに行った話を聞くと、私は激しい嫉妬にかられた。

店の中で同じことをするのだが、場所が異なると、途端に淫猥になる。

彼女はもともと新宿副都心の高層ビルで働くOLだった。

女友だちが風邪で寝込んだとき、「わたしの代わりにちょっとバイト行ってくれない？」と頼み込まれた。

男の人にマッサージする仕事だと聞かされたので、一日だけならと行ってみたところ、マンションの一室にあったその店はマッサージではなくて、客と密着して奉仕する風俗店、いわゆるマンショントルコ、マントルだった。

一日だけのアルバイトは断ることもできたが、友人に頼まれたこともあったし、日常生活の退屈さに辟易《へきえき》し、刺激があってもいいかと、一日だけのアルバイトをしてみた。

ぎこちなく手と口で奉仕する色白で愛らしい彼女は、たちまち人気を集めた。

店には何人かいい子がいるという噂で、仕事先の編集長から話を聞いて、ふらりと入ってみた。

個室はアコーディオンカーテンで仕切られていて、私は彼女に導かれて個室に入ろうとした。すると、中から悲鳴が――。

間違えて別の部屋に入ろうとしたようだった。慌てて退却した私たちは、今度こそ空き室に入った。

ハプニングを共有した男女というのは急速に親しくなる。吊り橋理論というのがあって、平地で男女が出会うよりも、揺れる吊り橋で男女が出会ったほうが親しくなれる、という実験がある。私と彼女も吊り橋体験をしたのだろう。

私たちは外で会うようになり、気がついたら付き合いだしていた。彼女は二十四歳だった。

吉原の女

ハプニングで付き合いだした彼女は、私に、吉原のソープで働くことにした、と言った。

客で来た男がスカウトマンで、ひそかに引き抜きにあったのだ。

聞けば、吉原でもいちばん高額のソープだという。彼女は、住まいの中野から鶯谷まで通うようになった。鶯谷駅南口改札口から出てくるハイヒールに大きなバッグを持った女になったのだった。

改札を通ると、ソープからの送迎車を待っているサラリーマン風の男たちが一斉に彼女を見る。

彼女は、南口でタクシーを待つときからすでにソープの仕事が始まっているのだと思った。面接の後、先輩ソープ嬢から講習を受けてデビューした。

「マットプレイがいちばん大変なの。ローション塗ってマットでお客さんの体をすべるの。ほんとはそこで一回しなきゃいけないんだけど、つるんつるんしてそれどころじゃないんだよ。一日終わると筋肉痛になってたわ。マットで一回、ベッドで一回。たまに三回やる人もいるのよ。何回でもいけるところまでいけるから。いちばん多かったのは七回した人もいた。早漏気味で、マットプレイでいつもより泡が多いわって思ったら、もう発射してた。

あとねえ、うちのお店、即尺でしょ。そのときおもむろにタバコ取り出して吸うお客さんいるの。休憩してるとき、わたしがまたお口でするとき、またポケットからタバコを出して吸い出すの。どうして？」

「奉仕させてる征服感を味わいたいんだよ」

「そんなもんなの？」

「そんなもんだよ」

講習と称して店長クラスが新人ソープ嬢を味見する悪習も、一部に残っている。

彼女が次に移った高級店ではそれが残っていた。

休憩時間に個室でのんびりしていると、店長がふらりと入ってきて「講習してみよう」とせまってきた。その後に何が起きたのか、彼女は口を濁していた。

店外デートも認められているので、常連客とは上野の洒落た日本料理店で食事をして、鶯谷か上野のラブホテルに入る。時間になると二人で店まで同伴する。

N氏によれば、昔はソープの同伴出勤はなかったという。長時間、浴室に二人でいても時間を持て余すので、外出を認めているのだ。

客と店外デートをしたときの話を聞かされると、かなり嫉妬した。

二十四歳になるそのソープ嬢とは結局、一緒にはなれなかった。何事もタイミング、ふんぎりが大事なのだろう。

私と別れる最後の日に、「お仕事頑張ってね」と言った。

私も、頑張れよと言おうとしたが、言葉が出ない。

彼女は「わたしはあんまり頑張らないから」とつぶやいた。

私は彼女が以前言った言葉を思い出した。

「こんな仕事でも、男の人が変なほうに走らないことに役立っていると思ってる」

赤軍派議長

塩見孝也《しおみたかや》元赤軍派議長とは、講談社から出ていた月刊誌『Ｖｉｅｗｓ』の取材で面識をもった。

塩見氏といえば、新左翼の中でももっとも過激だった赤軍派の最高幹部であり、数々の武装闘争を牽引し逮捕されると、獄中で二十年を過ごし、満期出所したばかりだった。

国際根拠地革命・前段階武装蜂起・世界革命戦争貫徹。

スローガンを唱《とな》え、かけ声ばかりが目立つ新左翼運動の中でも首相官邸武装占拠、臨時革命政府樹立、という途方もない戦いをやろうとして挫折した。赤軍派のある者は中東に飛び日本赤軍となり、またある者はハイジャックで北朝鮮に飛び、またある者は京浜安保共闘と合体し連合赤軍となってあさま山荘銃撃戦をおこない、同志十二名殺害という悲劇をおこした。

赤軍派が誕生した七〇年前後はどんな時代だったのか。ベトナム戦争が激しさを増し、日本から飛び立つ米軍機が同じアジア人であるベトナム人を殺害することに反対する日本の若者が多くいた。彼らの多くは団塊世代で、ベトナム戦争に対するアジア人としての贖罪《しょくざい》意識が強く感じられた。

獄中非転向をつらぬいた塩見元議長は、高田馬場の私の仕事場からほど近いアパートに事務所を設けていた。

二十年間の獄中生活で太陽光と運動の不足によって腰を痛めたものの、それ以外は壮健で頭脳も明晰であった。

たまたま私が吉原の彼女と高田馬場を歩いていたら、塩見さんとばったり会った。軽く談笑して別れる。

山手線でこれから鶯谷駅に向かう彼女に、さっき会った人物の説明をした。赤軍派のこともあまりよく知らない彼女だったが、元議長の男を感じさせる頑強《がんきょう》さを誉《ほ》めていた。

当人は、俺はまだリハビリ中だ、シーラカンスだ、と自嘲気味に言う。

ならばと最前線の庶民生活を見聞きしてもらおうと、あちこち案内することになった。

塩見元議長は風俗産業をよく知らず、そこで働くヘルス嬢、ソープ嬢を性奴隷のように思い込んでいた。

私は最前線の歌舞伎町風俗を案内しようとした。塩見元議長は断るかと思ったが、付いてきた。

歌舞伎町のテレクラに入ったとき、思いがけないことが起きた。

店長が塩見元議長を見て、「あ、塩見さんじゃないですか」と気づいたのだ。聞けば、府中刑務所で一緒になったという。まさか歌舞伎町のテレクラでこんな交流があるとは思ってもみなかった。

おさわりパブに入った。

ラブラブタイムになると、店内が薄暗くなり、隣の女の子が抱きつき濃厚サービスする。

突如店内が暗くなり、ラブラブタイムが始まった。

あちこちで抱きつくカップル。私はそれまでの発言から、新左翼のカリスマは無言のまま腕を組み、時間が過ぎるのをやり過ごすのだろうと思った。店の子にとっては、客がノッてこないのはつらいことでもある。

ふと見ると、カリスマは堂々と女の子の行為を受け入れているではないか。

店内が明るくなると、飲食タイムになる。

「わたし、緊張しちゃったあ」

カリスマと抱き合った女の子がつぶやいた。私や雑誌編集長が、新左翼のカリスマを「議長、議長」と呼んでいたため、彼女はてっきり東京都議会の議長が視察に来たと思い込んでいたのだった。

このときのことをある雑誌に書いたら、反響があった。

民族派・一水会《いっすいかい》の鈴木邦男元代表と会ったときには、「すごいことやったねえ」と感心された。

ともに左右の大物ゆえに感慨深いものがあったのだろう。

ところが、左派がこれを大問題にした。

とりわけ赤軍派と袂《たもと》を分《わ》かつもう一つのセクト、ブントの荒岱介《あらたいすけ》代表が塩見さんに批判を向けた。

ブントの前身は、戦旗・共産主義者同盟。それ以前は戦旗派という組織で、塩見元議長の赤軍派と同じ旧ブント組織だったが、分裂してから独自の闘争をおこなっていた。アメリカ大使館にロケット弾を打ち込んだり、成田空港工事の車両を炎上させたり、街頭で機動隊と激突したり、苛烈な戦闘をおこなってきた。

その代表である荒岱介さんとは、ブントの集会や取材で何度か面識があった。埼玉県蕨《わらび》市の本部まで出向き、著名人のインタビューを一冊の本にする、その一人として荒岱介さんから話を聞き出すことになった。

ブント代表の風俗論

そのときのやりとりを抜粋してみる。

『悪人志願』（メディアワークス・一九九九年）より。

「塩見問題だけど、あの人の言った言葉でたくさんの人間が闘ったんだ。俺もそうだけど。で、たくさんの人間が監獄にも入ってんだ。そういう血みどろの人生を生きてる奴がいっぱいいるわけだ。そこの責任を取れって言ってるわけ。懲役二十年ということで、終わったんじゃなくてね。

例えば、連合赤軍で逮捕された植垣康博《うえがきやすひろ》とか、拘置所で自殺したリーダーの森恒夫《もりつねお》とか、総括されて殺された遠山美枝子《とおやまみえこ》だって、全部塩見から思想的影響を受けたんだから。俺だって若いときは受けたんだから。ま、俺はすぐ見限ったけどさ。

　少なくとも、そういう人間にとってね、じゃあ、自分たちのリーダーだった人間が、風俗行って嬉しいか、と。嬉しくないと思う。そういう人じゃなかったはずだって。風俗三昧の生活しててね。塩見の言葉で、監獄に入ったり、傷ついた人間がいるじゃないか。最低それに対する責任を取るのは人間の仁義だろう」

　――塩見さんが風俗に行ったことを喜ばないっていうことは、風俗イコール悪という認識なんですか。

「じゃあ、あんたの子どもが産まれたら、子どもが風俗で働いて嬉しいか？　まともに考えてみなさいよ」

　――九時から五時まで丸の内で働いているＯＬのほうが、風俗の子たちより偉いんですか？

「偉いとか偉くないじゃなくて」

　――荒さんたちは、風俗イコール賤業《せんぎょう》みたいな思い込みがあるんじゃないですか。

「卑しいんじゃなくてね。職業に貴賤はないってのはそのとおりだと思うんだよ」

　――卑しい職業の世界に塩見さんが遊んじゃったから、まずいんですか。

「違う違う。でもね、例えば、ソープ嬢になりたくて学校に入ったのかって考えてごらんよ。小学生のとき『私は将来、風俗で働きます』って女の子、思ったかって。思ってないと思うよ」

――いや。中学の頃にすでに将来はAVに出てみたいとか風俗やってみたいって子、いるんですよ。

「うーん」

私と荒さんのやりとりが続く。

会社でセクハラを受けたり、先輩からいじめを受けたり、ノルマを課せられて、強引な営業で客に証券を買わせることに罪を感じたりしながら生きているOLが、池袋の性感ヘルスで初めて客から求められたことに、自己存在の肯定欲求を満たされた話をした。

しかし、荒さんは金銭を媒介にした性産業を認めない。

私が左翼は意外と保守主義、ピューリタン主義だと言うと、荒さんは否定した。

両者平行線のまま論争が続く。

荒さんはこの頃、理論的支柱だったマルクス主義と決別し、環境問題を重視するより広い運動体を模索していた。

マルクス主義に代わって荒さんの思想的バックボーンになったのは、哲学者・廣松《ひろまつ》渉《わたる》だった。戦後最大の哲学者として、常に大教室が立ち見で埋まったという伝説を持つこの東大名誉教授は、マルクス主義哲学派であったが、近代の超克《ちょうこく》を唱え、ヘーゲルを重視する難解な哲学で多くの若者をとらえた。

荒さんも廣松渉学派に大いに影響を受け、私との論争でも難解で抽象的な専門用語を駆使してくるので、私の脳みそは沸騰するばかりだった。

両者火花を散らし、議論は進む。

――環境問題もそうだけど、あんまりクリーンな道徳観を求めちゃうと危険ですよ。

「それは違うよ」

――そっちのダーティーな部分も人間にはあるってことを認めないと。

「じゃあ、あんたにとって何が正義なんだって聞きたいよ」

――正義感というのも、うさん臭いから。

「川越高校から早稲田大学に入ったときに、大志があっただろ。もっと、何か違うこと考えただろ。今、そういう、変な風俗のこと語っているけど、もともとはもっと」

――そこが、差別的な発想じゃないですか。風俗は賤業だと固定観念があるんですよ。

「差別じゃなくてだよ。賤業じゃないんだって。賤業って言ってんじゃなくて。風俗に価値を置くなってていうんだ」

――いや。価値を置いてないですよ、全然。

「置いてるじゃないか」

――置いてないですよ。風俗にはどうしようもない人間もいるし。それは丸の内のOLにどうしようもない子がいるのと同じことですが。

「俺は別に蔑《さげす》んでるんじゃないんだ。いろんな職業がもっとあるだろ。風俗じゃなくたって。いくらでも世の中に職業あるだろう。なんであえて、風俗風俗って言わなきゃなんないの？」

――風俗を持ち出すと思考停止になっちゃうのが左翼の限界なんですよ。

「奥さんが泣くぞ」

〝鶯谷的〟論法

難解な哲学の廣松渉学派を継承した荒岱介が、最後に私を論破しようとして放った言葉が「奥さんが泣くぞ」という、ヘーゲルもマルクスも廣松渉学派も関係ない、きわめて通俗的な言葉だった。

実は、この論法は論争術において意外と有効である。結局のところ、本音はどうなのよ、と相手の飾らぬ心に訴えかけてくる。理屈ではなく感情に訴えるのだ。人間最後は感情が勝る。

本音と建前で言えば、まさしく本音部分を突き刺すのであり、本音を全開にさせた、いわば〝鶯谷的〟とも言える論法である。

オウム真理教の強固なマインドコントロールを解除した認知学者・苫米地英人《とまべちひでと》博士もまた、幾多の論争に打ち勝ってきたが、唯一負けるのが保険勧誘員のおばちゃんだと打ち明けた。

「ディベート通用しないから。何言っても、『まあいいじゃないですか』だから」

荒俣介との風俗をめぐる論争は、平行線をたどったが、インタビューにつける写真のために撮影となった。

ガレージにあったポルシェ996が目にとまった。ブントの代表を長年やってきた荒さんの車だ。

公安警察の尾行を巻くために巧みに車を走らせていたので、車が好きになり、ポルシェにたどり着いたという。

「写真、ポルシェの前で撮らせてもらえませんか」

私の要望に、ブント代表は、いいよ、と答えた。

意外だった。

一〇〇パーセント断ると思ったからだ。

清貧を旨《むね》とする新左翼において、贅沢の極みであるドイツ車の最上級スポーツカー、ポルシェの所有者という事実を公《おおやけ》にすることは限りなくマイナスイメージである。

荒岱介はなんなく受け入れた。

ポルシェ996の前でパチリ。

後にインタビュー集『悪人志願』の一ページを飾った。

すると、これが大問題になった。

新左翼のブントの代表が、あろうことかブルジョアが好むスポーツカーのオーナーになっていた。

同じ左翼陣営からの批判が多かった。荒さんが塩見さんに対して言い放った批判が、今度は自分に降りかかったのだ。

塩見元議長にしても荒代表にしても、メディアに取り上げられることで、反発が来るだろうということは十分予測できただろう。

私がもっとも唾棄《だき》すべきことは、風俗体験やポルシェを隠そうとするのでは、という点だった。しかし二人の新左翼のカリスマは、姑息《こそく》な隠蔽《いんぺい》はしなかった。私はこの二人は信じられると思った。

話にはまだ続きがある。

荒さんは二〇一一年五月三日、前立腺がんのため死去。六十五歳だった。

死亡してしばらくしてから、衝撃的な本が出た。

『40年目の真実　日石・土田爆弾事件』（中島修・創出版）

一九七一年十二月十八日、豊島区雑司ヶ谷の土田國保《つちだくにやす》・警視庁警務部長宅で郵便爆弾小包が爆発、土田夫人が即死するという痛ましい事件が起きた。

犯行声明もなく、新左翼史の中でももっとも陰惨なテロと言われ、後に黒ヘル系学生が逮捕された。

著者は、元戦旗・共産同の構成員で、四十年後に初めて、事件は同組織の地下軍事組織の犯行だったと暴露した。

戦旗・共産同といえば、過激な闘争をするセクトではあったが、内ゲバに反対する、どちらかというと話せばわかるといったセクトの印象が強かった。

だが国家にしろ組織にしろ、軍事組織は油断すると勝手に動き出し、暴発する、ということだろう。

同時期、荒さんは内ゲバで重傷を負い、入院を余儀なくされていた。戦旗派は分裂し、荒代表は戦旗・共産同を率いていく。そして暴走する地下軍事組織を荒代表は解散させた。

『破天荒伝　ある叛乱《はんらん》世代の遍歴』（荒岱介・太田出版）に、こんな記述がある。

〈私たちの組織の分裂劇の真相は、新左翼運動の中でも謎とされている。このあたりは今でも多くを書けない暗闇の部分がある。私は病床にあったのでわからない部分も多い。その当時の人間が墓場まで持っていくべきことなのかもしれない。〉

さりげなくだが、事件のことに触れている。

私と会ったときもやはり何気なく、墓場まで持っていかなきゃいけないこともある、と今から考えると意味ありげなことを口走っていた。

人間の裏面は月の裏側よりもわからない。

独身最後に付き合ったソープ嬢とは、鶯谷駅南口で最後の姿を見送ってから、彼女のその後は杳《よう》としてわからない。

今日も、鶯谷を歩く。

ホテル街に次々と消えていく男女。

墓場まで持っていかなければならない秘密を持って――。

第七章　鶯が谷を渡る

うぐいすだにミュージックホール

鶯谷の青空を見上げながら、ふと思った。

韓デリのあの子、今頃どうしているのか。

人の海にかき消えたまま、消息すら摑めない。

プライバシーがなく、見たこともないおぞましいグッズで責《せ》め苛《さいな》まれ、日本のマンガが大好きなあの子は、すっかり日本に辟易して、一ヵ月で帰国したのだろうか。

私が覚えたのは、つたない韓国語と韓国式のゆびきりだけだった。

締め切りに合わせて、そろそろ原稿も書かなければならない。

取材と執筆を並行させる日々になると、知り合いの編集者が声をかけてくる。

私が鶯谷について書いていると話すと、意外そうな顔になって意味ありげな微笑を浮かべるのは、たいてい五十代以上の編集者であった。

彼らにとっての鶯谷は、先輩編集者N氏が抱いていたように、風俗の最低ランク、年増しかいない街、というイメージである。

風俗といってもそれらしき店舗はなく、ラブホテルがひしめくエロティックなイメージは中年以上の世代にとって根強い。

鶯谷の淫猥《いんわい》なイメージは、日本古来の四十八手という体位から来ている。

相撲の技、四十八手をパロディにして、性行為の体位を四十八手に見立てた、江戸時代に確立された分類である。

菊一文字、岩清水、時雨茶臼《しぐれちゃうす》、乱れ牡丹、帆かけ茶臼、松葉崩し、仏壇返し……。

鎖国時代、日々の暮らしが熟成し日本古来の風流をもとにつけられた、花札か和歌のように洒落た隠語だ。

この中の一つに「鶯の谷渡り」という体位がある。

春先、鶯が木から木へ、谷から谷へ、ホーホケキョと啼きながら移動する際の光景を指す。ホーホケキョは縄張りを主張する鳴き声、ケキョケキョケキョは威嚇《いかく》する鳴き声。ともに江戸時代から庶民の心を癒やした風流な鳴き声だ。

鶯が谷から谷へせわしなく移動するときの動きに見立て、男が女を寝かせて鶯が移動するかのように軽やかに移動し、唇、胸、性器を口と舌で刺激する。挿入しない体位の一つだ。

四十八手の「鶯の谷渡り」という印象があまりにも強いので、鶯谷と言うと谷渡りの連想が生まれるのだろう。

しかも鶯は愛らしい鳥であり、春の季語でもあり、春といえば性に目覚める隠語でもある。

さらに鶯谷の淫猥なイメージを決定づけた、ある歌がある。

笑福亭鶴光が一九七五年五月に出した歌『うぐいすだにミュージックホール』である。

昭和的かつ哀愁を帯びた軽快なメロディで、ストリップ劇場の踊り子を歌っている名曲だ。

作詞・作曲は山本正之。『燃えよドラゴンズ！』（歌・板東英二）、『ひらけ！ チューリップ』（歌・間寛平）等々、名曲をつくってきたシンガーソングライターだ。

うぐいすだにミュージックホール
　作詞：山本正之
　作曲：山本正之

（セリフ）はい、いらっしゃいませ いらっしゃいませ
本日はようこそ当劇場へお越し下さいまして
誠にありがとうございます
紳士の社交場、娯楽の殿堂
「うぐいすだにミュージックホール」

本日の特別ゲストは錦糸町フランス座よりお招き致しました
かもめのケイ子、かもめのヨウ子のお二方が演じる
大レズビアンショーでございます
快楽の神秘 悦楽の境地を
心いくまでお楽しみ下さいませ
尚、上演に先立ちまして
お客様方に一言、お願い申し上げます
場内での写真撮影 並びに踊り娘さんの
お肌、衣装には絶対、お手を触れる事の
ないように固く、固く お断り致します
それではトップバッターから張り切ってまいりましょう
レッツゴーミュージック

スポットライトに 照らされて
そろりそろりと帯を解く
かぶりつきの若いお兄さん
ゆっくり見てね ハイドーゾ

ああ七色のバタフライ
食い入るお客がいじらしい
（セリフ）はい拍手、拍手
沢山の拍手をお願い致します
拍手をすればする程
踊り娘さんがハッスル致します
はい、沢山の拍手をお願い致します

ミラーボールのステージで
踊るツイスト シャイロック
ドラムのソロに波打つバスト
テナーサックスにうごめくヒップ
ああ手拍子も軽やかに
金髪ゆれるベッドショウ

（セリフ）ありがとうございました

ありがとうございました
これにて、第三部終了でございました
当劇場は終日入れかえ無しで
お客様方にサービスしております
続く第四部を そのままのお席で
ごゆっくりお楽しみ下さいませ
安いお値段 溢れるお色気
「うぐいすだにミュージックホール」
来月一日からのプログラムは、
貴方のスター私のスター 関西ヌードの女王
鈴蘭かおる フリーチャー・ローズ
その他、豪華絢爛なるゲストをお招きして
淋しがり屋の殿方を優しく慰める
名付けて 好き好きピンクショウ
サラリーマンは会社帰りに、学生さんは学校帰りに、
どうぞお誘い合わせの上 沢山のご来場お待ちしております
ありがとうございました

ありがとうございました
ありがとうございました

空中ゴンドラ鏡張り
明日は天満か船橋か
真白い肌に花を咲かせて
ヌードダンサー 踊り娘さん
ああ今日もまた 夜は更けて
小屋に高鳴るミュージック

台東区鶯谷にある「うぐいすだにミュージックホール」というストリップ劇場の呼び込み・司会と踊り子をコミカルな歌詞で歌い上げているが、曲調は正当派歌謡曲だ。当時、多くの人々は「うぐいすだにミュージックホール」というストリップ劇場が鶯谷に本当にあるものだと信じていた。

この曲がヒットするにつれて、架空の劇場ということがわかってきたのだが、鶯谷というとストリップ劇場というイメージは、このとき決定的になった。

モデルサイト詐欺

第三章に登場した吉原ソープ・鶯谷デリヘルで働いている働き者の人妻・真裕美さんから、緊張感あふれるメールが届いた。

いつも強気な奥さんなのに弱気だ。

けっして怒らず、他人の悪口を言わない心優しい夫が、もしや真裕美さんの奔放なアルバイトに気づいたのではないか。それとも客とのトラブルに巻き込まれたのか。子どもを保育園に送った後、正午頃会いたい、と言うので、昼の鶯谷で待ち合わせた。

シックな装いで、ママ友たちと食事に行く途中といったスタイルだ。

胸の膨らみだけは、快楽を押し留めることのできない人妻の性を露見させている。

「モデルサイトって知ってます？」

真裕美さんが尋ねてきた。

「知ってますよ。カメラマン志望の男とモデル志願の女性がサイトに集まって、条件が合えばホテルで撮影するという。ま、その後、たいてい何かあるわけで。援交の一種ですよ。でも真裕美さん、ソープとデリヘルだけじゃなくて、まだ稼ぎたいんですか？」

「だって余った時間がもったいなくて」

父親からのしつけで、人生においてカネがもっとも大切、という教えを体に染み込ませた真裕美さんは、小学四年生のとき乳房が膨らみだすと、将来これで稼げる、と自信をもった。

女子高生の頃から援交を体験し、現在は吉原のソープと鶯谷発デリヘルを掛け持ちしている。建設会社で働く夫には、恥を欠かせてはいけないと、飲みに行くときはそっと財布の中に数枚の一万円札を入れておく。亭主は、女房が働く化粧品会社の営業成績がいいのだろうと信じている。

「バイトないかなと思って探してたら、モデル撮影のバイトが見つかったから。新宿で待ち合わせしたんですよ。四十歳くらいのなんだかインチキ臭そうな男。監督してるって言ってたけど、会ったら、いきなり都庁まで歩かされて、撮影するの。イメージシーンって言ってたわ。新宿のかなり豪華なシティホテルに連れて行かれて、『うちの事務所はちゃんとしたところだから』って、名前や住所、契約書を書かせるの。『どこの事務所なんですか？』って聞いたら、『なんで聞きたがるの？』って返すんですよ。名刺もくれない。

何枚か女の子の写真出して、『こういう女の子預かっているんだ』って言うの。それでわたしを脱がせて撮影しようとするの。なんか雰囲気がおかしいから『帰ります』って言ったら、本性出してきて、『だったらここのホテル代全部払ってもらうからね』って。やばいなあ。インチキ臭いんですよね。そっぽ向いてたら、『やる気あるんですが？』って。ビデオあっちに置いたり、そっちに置いたりして、撮り出すの。『うちの事務所の宣材に使うからね』とか言って撮られた」

真裕美さんは男の言いなりになって、ベッドに寝かされた。

人妻の視界が影で覆われた。

荒い息づかい、乳房がゆれる。

「本番……しました。ビデオをいろいろ置き換えて撮ってましたよ。まずいなあ。あれ、どうするんだろ。撮影代込みで二万円っていう話だったけど、撮影と本番が終わってから、機材片付けて、『また連絡するから。次はもっとやる気みせてよ』って言い残して消えちゃった」

「消えちゃったって、お金は？」

「もらってないんですよ。失敗した。わたしもなんなのかよくわからないんですよ。メールで知り合ったんだけど、もう着信拒否されてます」

性欲落差の法則

真裕美さんは働くのが大好きなのだが、脇が甘い。

そこを男が突いてくる。

初めての買い物に出て行く幼児のような危うさがある。

「モデルサイトはもう懲《こ》りたんで、交際クラブに登録したんですよ。これなら男の人の身元もちゃんとしてるから」

デリヘルを経営している女性社長が、たまたま交際クラブ経営者と知り合いだった。

人妻は交際クラブでも人気があるので、真裕美さんは即登録された。

出会い系サイトに比べると、交際クラブは紹介料や入会金がかかるために、経済的に余裕のある会社経営者、医師、大手企業サラリーマンが多い。

「交際クラブでも鶯谷で待ち合わせは多いですね。鶯谷で会うと、男の人は『なんか鶯谷っていうとドキドキするよねえ』だって。そういう雰囲気があるんですね。昨日、ここで会ったのは五十一歳ですごくいい人。子どもが三人いて、真ん中の子がイジメに遭って、登校拒否なんですって。『俺は一生懸命、子どものために戦ってきたんだ』って。子どものことで奥さんと協力して、なんとか立ち直らせようとしてるって。『おかげで夫婦の絆も強まったよ』って言ってる。銀行員みたい」

「絆は強まっても、交際クラブで他の女を探してるんですね」

「そうみたい。アハハハ。その人、人妻がいいんですって。身元がしっかりしてるし、他人の女房を奪うのが興奮するんですって。わたしの耳元で『奥さん』って言うの」

「真裕美さんはそれでどう思います？」

「いいんじゃない。わたしも興奮する。いけないことしてるんだなって思うと余計感じるから」

銀行員は自宅のある街でもボランティア活動をおこない、子どもたちが性犯罪に巻き込まれないように見回りをして、保護者たちから信頼されているという。

そんな男が鶯谷のラブホテルで人妻と性交する。

人間の性欲は、落差があるほど高まるものだ。ビルの屋上から真下を見るとき、高ければ高いほど動悸《どうき》が速まるのと似ている。

性欲落差の法則とでも言おうか。

性欲量＝（発情時の姿 —《マイナス》 平常時の姿）二乗

発情時の姿は、興奮して性的行為をしているときの姿。平常時の姿は、社会的地位、名誉、近隣の評判が要素となる。

社会的地位のある公務員、教師が満員電車で痴漢をするのも、痴漢というやってはいけない行為をしている自分、という普段との落差にいたく興奮するからだ。だからお堅い職業の男ほど、ハレンチな性行為は脳内にドーパミンを溢れさせ、その結果病《や》みつきになる。

真裕美さんも証言する。

「わたしも、『奥さん』って耳元で囁かれるとイキやすくなるの」

人妻の矛盾

交際クラブはいい人ばかりではなかった。

「ケチな人もけっこういるの。飲み物、自分のしか買わないの。すぐにホテル行くでしょ。自分の分の飲み物だけ買ってホテルに行く。ほんと、百円のウーロン茶、自分のだけ買って行くの。ホテルではお茶を自分で沸かしますよ。ほんとにケチはケチ。『社長ですから』とか言って会うと、コンビニ関係の社長で、奥さんと自分だけの会社だとか。そういう中小企業経営者ってケチ。カネのありがたみ知り過ぎてるから。『女の子にカネ払って（セックス）するのはなんかもったいなくてねえ』ってわたしの前で言うの」

デフレ化は愛人戦線にも不況風を吹かせていた。

真裕美さんはつい最近、六十代の心理カウンセラーと交際クラブで知り合った。

「ため息ばかりつくの。はあああって。心理カウンセラーって、人を癒やすためにやるもんでしょ。それが、はああああって、幸せが逃げていくー！　古女房とうまくいってないみたい。子どもたちはみんな奥さんについてるんですって。わたしと会っても、コンビニで買ったサンドウイッチ、自分だけ食べてるの。先生っぽくない。話もうまくないし、いきなり目を見て止まっちゃうし。焦る。こっちも、どうしよう」

吉原ソープも継続中である。

「こないだ七時間ついたの。お医者さんで、自民党のある政治家の後援会を世話してるんだって。べろんべろんに酔っ払って、『オレ、医者だぞー』っていきなりカードで『いいから四十万きってけよ』って、いきなり寝ちゃった。わたし、オレンジジュースずっと飲んでいた。たまに起きて触り出すんだけど、また、くわーっと寝ちゃう。また起きて、『風呂入るぞー』。で、ちょっと触って、また寝ちゃう。六十過ぎ」

このときは十二万円稼いだという。この不景気では破格の稼ぎだろう。

だがいいときばかりではない。なかには人間扱いしない客だっている。

「怖くて泣かされたことありますよ。つい最近ですけどね。キザな男、マッチョで、している最中、なんか気になるみたいで鏡見て髪型を直すの。ガン黒で、『どこで焼いたんですか？』って聞いたら、『日サロ』。（性交を）やっていて頭がせり上がって、壁にガンガンぶつかる。痛くて、またドンドンドン。ウルウルきちゃって……。それでも壁にドンドンドン。お客さんが帰ってわたしが泣いていてたら、店員さんが、ごめんねごめんねって慰めてくれた」

そう言いながら真裕美さんには、体の相性がよくて好きになってしまった男がいる。

「セックスがよくて男に惚れちゃったこと……そういうのもありましたよ。一年前付き合っていた男。おカネもらわないでそういうことしてましたよ。エッチがよかった。鶯谷でナンパされて、たまたま時間が空いてたから飲んで、気が合った。三十三歳。わたしより年下ですよ」

「セックスのどういうところがいいんですか？」

「Sっぽいところ。いろいろやってくれる。そう、ガンガン！」

「ガンガンって、あなたさっき、泣いたじゃないですか」

「でもいいの。バツイチで性格ひねくれてるから、これはバツイチになるのは無理ないなあっていう男です。癖があるの。自動車セールスマンって言ってた」

スリランカ人と3P

デリヘルのオフィスは御徒町にある。

客から連絡が入ると、鶯谷駅北口で待ち合わせの指定をする。

「ドトールの隣の三菱東京ＡＴＭ前で待っててくださいって指示されるんです。北口に着くと、こっちから電話入れるんだけど、非通知でかけるんですよ。だからお客さんには必ず非通知解除設定をしてもらうの。電話して、『今、何色の洋服ですか？ あれですね』って、それで近づいて、『じゃ、行きましょう』ってことになるんです。そうですよ、わたしたちは会うまでお客さんの顔がわからない。お客さんはチェンジできるけど、わたしたちはできないから」

客は様々だ。

「デリの社長から、『スリランカ人のパーティーがあるけど、行かない？』って誘われたんですよ。スリランカがどこにあるかわからないけど、まあ、いいかって参加しましたよ。そのとき知り合ったスリランカ人の社長さんと仲良くなって、大人の付き合いするようになったの。愛人ですよ。

この前、もう一人、スリランカ人の社長さんがいて、同じデリヘルの奥さんと二組で乱交しようってことになったのね。それで鶯谷のホテルを選んだんだけど、その奥さんが来れなくなっちゃった。彼女、スリランカの社長とエッチしたとき、シャワー浴びる前に触ってきたり、咥えさせられたりしてイヤな思いしてるから、ドタキャンしたみたい。わたし一人しかいないから乱交は中止って思ったけど、わたしはやってもよかったんで、３Ｐやりましたよ。すごい悦んでた。元気ですよ」

昔はセイロンとも呼ばれていたスリランカは、国民の七割が仏教徒である。

「おカネ持ってますよ。日本語ぺらぺらだし。気に入られて、また呼ばれましたよ」

買われる人妻

先週は最寄り駅を出て帰宅途中、見知らぬ男に声をかけられた。
四十二、三歳のサラリーマン風で、真面目な中年である。ネクタイを締めているから、会社帰りだろう。
「小雨が降りだして、いきなり傘差し出してきたんですよ。そして『おっぱい触らせて。五千円で』って言ってくるの」

「断りましたね？」

「えー？　五千円？　って文句言いました」

「そしたら？」

「『じゃあ、一万円』って言うから、『えー、一万円？　わたしデリヘルで働いてるから来てよ』って言ったら、『わかった。二万でどう？』って。デリヘルでお茶挽いたから、ホテル行きましたよ」

男は、駅から三十分ほどの所にある一戸建てに家族四人と暮らす、食品メーカーの部長だった。

真裕美さんの話を聞いているうちに、ごく普通の暮らしをしている男が、歌舞伎町のホストのように女性に声をかけることがやたら多いという現実を、思い知らされた。

そして真裕美さんのように、声をかけられて断ることもせず、受け入れる場合があるという事実も思い知らされるのだった。

保護者が客だった

「知り合いがソープの客で偶然、ばったりかちあったとかは？」

「言ったっけ？　下の子が保育園に入ったとき、保護者の説明会があったんですよ。わたしとダンナさんと行って、大勢の保護者の中に、どこかで見た顔だなあって人がいて、一瞬イヤな予感がしたの。向こうもわたしのことチラチラ見てるし。どこかで見た男だなあ。えええー？　お客じゃん！　向こうも、えええええ⁉　マジで？　って複雑な顔してるの。

　運動会で、『ああ、どうもこんにちは』ってあいさつして、うちのダンナ紹介して、『パパです』って。向こうも『はじめまして』って、なんか複雑。三回ついたお客さんで、顔が独特だったから覚えていたの。ときどき、保育園で会うでしょ。その度《たび》に、ああ、こいつとしたんだあって思う。その後、ママさんとは仲がいいけどね。だから複雑」

　ソープ、デリヘル、交際クラブ、街頭ナンパ……真裕美さんが経験してきた中で、何が真裕美さんに向いているのか。

鶯谷デリヘルと吉原ソープで働く人妻•真裕美さん

「やっぱりソープかな。客層がいい。鷲谷のデリは客層が悪いの。なんでもできると思ってバイブ持ってきて、思いっきり入れてきたり変なことしてくる。ソープはそういうのないですね。ま、この前みたいな荒っぽいお客さんもいたけど」

「ダンナさんは相変わらず優しいですか？」

「優しいです」

「浮気を疑っていない？」

「たぶん。今日も駅まで車に乗せてもらったんですよ。でもなあ……こんな不景気でなんであれだけ稼げるのか、最近ちょっと疑ってる気もする」

夫に言えない仕事で得た収入は、気づかれないようにカードで出し入れして、銀行通帳には記載していない。

コンビニで預金を下ろそうとしたとき、背後に何か気配を感じる。

振り返ると夫だった。

買い物帰りに寄ったという。

「危なかったあ。もう少しで画面見られるところだった。わたしがびっくりしたもんだから、『なんだよー』って笑ってたけど。見られちゃったかな。大丈夫だと思うんだけど」

子どもの進学資金のこともあって、真裕美さんはもうしばらく夫以外の男に抱かれるつもりだ。

そう言い残すと、鶯谷の街に溶け込んでいった。

離婚が成立した美人妻

第三章で、鶯谷の豆富料理「笹乃雪」で一緒に豆富を食したあの美人妻は、その後どうしたのか。

介護福祉士をやりながら、離婚資金を貯めるために交際クラブで知り合った複数の愛人と交際している四十歳の人妻。フジテレビの女性アナウンサー、ショーパンの愛称がある生野陽子に似ているので「陽子さん」と呼称したあの人妻である。

半年後、連絡を取ってみたら返事がきた。

「やっと離婚が成立したんです」

陽子さんより四歳年下の亭主は、高校を中退して日本料理の板前になろうと辛い修業に耐えてきた。友人の紹介で知り合い、付き合いが始まって結婚し、二人の子どもにも恵まれたのだが、気むずかしい亭主の機嫌を損ねないように家庭で貞淑な妻としてふるまうのが、とうとう限界に達した。暴力をふるわれたことが最後の決め手となって、陽子さんは離婚を決意した。

「殴られたときは、『もっと殴って！』って心の中で思ってました。そのほうが別れる気持ちを後押しするから」

夫は最後までやり直そうと迫ったが、一度決意した女は強い。

家庭裁判所が仲裁に入り、思ったよりも早く離婚調停が成立した。

子ども二人は陽子さんが引き取ることになった。

老人ホームの介護福祉士と夜の愛人契約の収入で、女手一つでもやっていける。

美貌の陽子さんは交際クラブでも人気があり、新しい愛人を補填《ほてん》することができた。

割り切りの関係なのに、男ってやつは所有欲求が強いものだから、最初は遊びでもだんだん愛おしさが募り、自分だけのものにしたくなる。

陽子さんと「笹乃雪」で食事をした家具販売会社の社長は、毎週会いたい、旅行にも行きたい、と陽子さんに要求するようになった。

気が重くなった陽子さんは、思い切って着信拒否にした。

心が少し痛んだが、お互いのためだ。

ところが――。

「自動車免許の更新に行ったんですよ。そしたら……隣のテーブルに社長がいたんです！　えー、なんで？　都内で暮らしてるんじゃないの？　家を建て替えて住所が変わったのか。顔見られないように、手を挙げたり、返事したり。名前フルネームで呼ばれたんですよ。あああ……。小さい声で返事しようとしたんだけど声が出なくて、何度か呼ばれちゃったんですよ。一生懸命手を挙げて係員さん、やっと確認してくれた。でもあの人は、こっち見てなかったし」

「気づかれなかった？」

「一〇〇パーセント気づかれたと思ったけど……どうなんだろう。声かけてこなかったし。あれほど焦ったことって、ここ何年もなかった」

射精介助

陽子さんはこれに懲りて、交際クラブではなく出会い系サイトで愛人を探すことにした。

どんな男か身元がしっかりわかるまで、なかなか会おうとしない。真面目な文面のメールを出すために、男たちから評判がよく、ぜひ会いたいという男が増えて、かえって整理がつかなくなっている。

「四人とお会いしたんですよ。みなさんと最後までしました。みんな『ダンナさんとしてないの？』って聞いてくる。その頃はまだ書類上、夫婦でしたからね。今は三人に絞って会ってます。会うのはいつも鶯谷です。こんなに便利な所はないですね。駅から降りたらすぐにホテルですから」

夕方から夜にかけてが、陽子さんの別の顔になる時間帯だ。

離婚を知った老人ホームのお年寄りからは、息子の嫁になってくれないか、と頼み込まれることもある。

老人にとって避けて通れない性の悩みにも直面している。

「『射精介助』ってあるの知ってます？　『ホワイトハンズ』という社団法人が、射精介助のスタッフを募集していたの。ゴム手袋付けて、手で発射させるちゃんとした介助です。自分の力で射精できない障害者のお手伝いするんです。わたしも応募しようかと思ったけど、今、募集していないんです。こういうのは保険が使えないので実費なんです。卑猥な言葉は言ってはいけない。あくまでも福祉。三十分二千八百円。あとは十五分で一千五百円。身障者の方の介助なんだけど、わたしはお年寄りにも必要だって思うの」

陽子さんの職場でも、お年寄りの性の問題は人に言えない大きな悩みになっていた。

「介助しているお年寄りが勃《た》ってしまったんですよ。身寄りがなくて孤独なお年寄りなの。八十ちょっと前かな。わたしにそっとしがみつくの。人が見てないから、してあげました。真面目な顔して、黙って。お年寄りも黙って大人しくされてました。ほんとはこういうのいけないのかもしれないけど。

施設では、お年寄りがエッチな本を読むだけで、『やめてください！』って怒られるの。じゃあどうしたらいいの？　閉じ込められているしストレスが溜まって、ヘルパーさんの体を触ってくるお年寄りがたくさんいるんですよ。認知症のおばあさんのおっぱい触ったり、太もも撫でるの。常習のおじいさんがいて、あまりにも触り過ぎるんで、娘さんが呼ばれて説教されたんです。娘さん泣き出しましたね。おじいさんを怒るんだけど、効果がない。今度何かあったら施設から追い出されるって。老人と身障者のセックスはないものと思って、見て見ぬふりなの。でも切実な問題なの」

福祉の最前線で働く陽子さんは、前から本を書きたくて、私と知り合ったのも、文章指導してほしいという依頼からだった。

「精神保健福祉士の資格が取れたら勉強はお休み。早く小説書きたい！　タイトルまで決まってるんですよ。ストーリーは、わたしが働いている老人介護施設に運ばれてくる男がいて、それが元彼なんです。家族は胃ろう（※胃内に管を通し、食物や水分を流入させるための処置）を依頼するけど、わたしは反対する。

胃ろうをやると口の中が臭くなって部屋が臭うんですよ。体も臭うし。口の中もゴミまみれで、ガーゼでぬぐってゴミを取ってあげるんです。ベッドに寝かされた元彼を裸にすると、体の後ろに昔、二人で入れたタトゥーがあるんです。介護しているうちにヨリが戻るんです。そんな恋愛を織り交ぜた話を書きたい」

離婚して三ヵ月が過ぎた陽子さんは、二人の子どもを引き取り、母として日々を送っているのだが——。

「わたしはもう恋愛も再婚もしない。でも職場に、三十五歳の介護士がいて、素敵なんです。外見はぜんぜんかっこよくないんだけど、いいなと思うとすべてよく見えちゃう。でも結婚してるんですよ。頭の回転が速いの。ああ……わたしは惚れやすいのが罪だと思う」

消費される人妻

坂本冬美に似ているので「冬美さん」と呼称した、和服の似合いそうな四十二歳の人妻から連絡が入った。

「本橋さん、ネタがないと会ってくれないから。ネタができるまで連絡しなかったんです」

「またマッサージ医院の院長と不倫が復活したんですか？」

「違います。ナンパされたんですよ」

平日の夜、自宅に帰ろうと新橋駅で乗り換えようとしたら、眼鏡をかけた見知らぬ四十代の男が声をかけてきた。

「すごく美しい方なので、ぜひお茶でも付き合ってもらえないかと思って声かけました」

男は堂々としていた。

　自分は医療関係の技師をしているという。

「しつこいんですよ。新橋からずっと山手線に乗ってきて離れないの。ドア付近で立ったまま話しかけてくるの。『本当に好みのタイプなんです』って、延々と口説いてくるの。渋谷駅までついてきて、『携帯のアドレス教えてもらえませんか』って言うの。『わたしからメールしますよ』って言ったら、すぐ教えた。『次ぜひ、デートしましょう』って言うんだけど。まあ可も無く不可も無くっていう男性ですよ」

「その男とは結局、会わなかった？」

「いえ。会ったの」

　人妻の悩ましい告白が続く。

「わたしも忙しかったけど、その男にショートメールしたの。新宿のカラオケボックスに誘われたの。ピンときた。ボックスは密室だから、そこでエッチなことしようって。ホテル代ケチって安くあげようとするのか、それともラブホテルに連れ込むのがやっかいだから、カラオケボックスで油断させてするとか。

　それでカラオケボックス入ったら、途中から触りだしたの。『すごい綺麗で、タイプなんです。僕、マッサージの資格持ってるんです』って。『わたし、肩が凝ってるって言ったらマッサージしてくれたの。ああ、気持ちいいと思ったらおもむろに触りだすの。太ももをマッサージっていうか、まさぐってくるから、やめてくださいって手を退《の》けたら、今度は胸触られた。手慣れている感じ。抵抗しましたよ。『やめてください。主人がいるんですよ』って。そしたら、『ご主人以外に彼氏はいるんですか?』って聞いてくるから、つい、『いますよ。そんなに暇じゃないからいいです』って言い返した。『じゃあ、次回はぜひお食事でも』って誘ってくるんだけど、その場はそれで別れたんですよ」

　ここからが人妻の摩訶《まか》不思議な行動だ。

「翌々日、その男からメールが来たんですよ。ちょうど時間が空いてたから、まあ、食事くらいいいかって、行ったんですよ。新宿のちょっといいホテルでランチしたんです」

　男はある大学病院の医療技師だった。

　誇らしげに自分の肩書を語る。

「ははあ、これはホテルだな。食事した後、誘われて……まあ、付いていっちゃったんですよ。鞄持っていて、中から大人のオモチャ取り出してきた」

　部屋に不気味な機械音と、せつない人妻の嗚咽《おえつ》が漏れてくる。

　冬美さんの行動は、性欲落差論から来るパターンなのだろう。

　日頃、夫の前では貞淑な自分（実はそうでもないのだが）がこんなことを――。

モラルの破壊は人妻をより淫猥にさせる。

「それで途中、彼、元気がなくなっちゃったんですよ。だからわたしが手でしてあげた」

人妻は優しいのだ。

私は冬美さんのスマートフォンで、その男の載っている研究室のサイトを覗いてみた。

白衣を着て額の広い理系の秀才が写っている。

「なんか前から研究が忙しくて、あっちがダメになっちゃったんですって」

男の渉猟《しょうりょう》行為は、その反動から来ているのだろうか。

「ねえ、こんなお堅い研究者がナンパしてくるんですよ。すごいと思わない？」

「冬美さんがそれだけいい女だからですよ。でも気をつけないとなあ。ナンパされて付いてっちゃうのは」

「しょっちゅう付いていくわけじゃないのよ。これもネタづくり。普段なら付いていかないわよ。本橋さんに協力しようと思って……」

人妻が体を張って、ネタづくりのために男に抱かれてしまう倒錯的な性愛は、聞いているだけで淫猥な気分になってくる。

「あいかわらずですよ。ダンナは優しいですよ。わたしのこと、大好きだし。わたしが外で浮気してるのは気づいていないですよ。わたしも外で浮気してきたほうが、ダンナに優しくなれるし」

反韓デモがやってきた

鶯谷公園はラブホテル街にある。

いつもは静かな公園に、二〇一二年神無月《かんなづき》、時ならぬ声が響いた。「治安を乱す韓国人売春婦即刻追放」と書かれた横断幕を掲げてのデモ行進が始まった。在日特権を許さない市民の会東京支部（在特会）主催のデモだった。

新大久保のコリアンタウンをめぐる反韓デモのプラカードと、情け容赦ない罵声は最近ではますます過激になり、ヘイトスピーチという言葉までよく知られることとなった。

デモは自由だが、日本人の美学は持っていたい。

親日家を少しでも増やすことは、単なる上《うわ》っ面《つら》のヒューマニズムではなく、日本の防衛を考えても大事なことだ。

日本の良さを知り、日本人の優しさに触れた外国人が母国に帰り、日本の美点を語ることは、けっして日本のマイナスにはならないだろう。

私が高校生だった一九七〇年代初頭、若者たちの間では、ツッパリが一つのブームだった。女番長《スケバン》と呼ばれる不良がスカート丈《たけ》を伸ばして街を闊歩《かっぽ》し、リーゼントの高校生たちがボンタンという太いズボンを穿《は》き、洋ランという長い丈の学生服を着て、辺りを歩いていた。町中で、少しでも肩が触れると、また肩をあえて触れさせると、途端にタイマンという名のケンカが始まった。

　街は今よりもっとぴりぴりしていた。

　高校は偏差値で序列が決まるだけではなく、ケンカの強さでも序列が決まる時代だった。

　そんな中、ケンカが強かった高校が他ならぬ朝鮮高校であった。

　集団戦を得意とする彼らは、ケンカの強さでも群を抜いていた。

　そして朝鮮高校に対抗するもう一つのケンカ強豪校が国士舘高校であり、この二校は不倶戴天《ふぐたいてん》の敵のような争いをしていた。

　一九七三年には両校の激突が社会的問題になり、一部メディアでは在日朝鮮人差別として毎週取り上げられた。

　民族差別もあったのだろうが、逆に私の周りで朝鮮高校生に恐喝されたり、友人が鼻を折られたり、アザだらけになったり、日本の高校生もそうとう被害に遭っていた。少数民族イコール被害者、という単純な図式は、正確な見方を誤る。だがそれにしても昨今のヘイトスピーチは行き過ぎであろう。

民族派・一水会木村三浩《みつひろ》代表の発言がある。

「和をもって貴しとなす。これこそが日本の伝統であり、私たち右翼が目指してきた日本のあるべき姿です。国や民族や文化や考えが違っても、相手を尊重するのが〝大和〟の国、日本です。

しかしどうですか、今の日本は。嫌韓国、嫌中国を語ることで日本人の劣化から目を背《そむ》け、見せかけの自信を得ようとしています。お手軽で、非歴史的で検証に耐えない。日本は右傾化したと言われていますが、民族派右翼である私はむしろ、暗然たる気持ちでこの社会を見ています」（朝日新聞・二〇一三年七月十七日）

最近のヘイトスピーチを「他人をさげすんで自らを慰撫《いぶ》する、夜郎自大《やろうじだい》なお手軽ナショナリズムです」と批判している。

木村三浩代表は私と同い年、一九七三年当時、国士舘高校の学生だった。言うなればもっとも苛烈に在日コリアンと闘った男だ。

以前インタビューで木村氏の回想を聞いたとき、朝鮮高校生たちとの駅ホームでの激しい衝突を語っていた。殴る蹴る頭突き、だけではなく、雨上がりのときにはお互いが持っていた傘を電車内に槍のように投げ込むという、ケンカの枠を超えた武力衝突だった。

そんな木村氏が今、激烈な排外発言を批判する意味は重い。

再会した韓デリ嬢

この本の締め切りが近づいてきた。

鶯谷をそろそろ引き揚げるときがきたようだ。

夜十一時、机に向かっていると、携帯が振動した。

何気なく見ると、いつか登録した名前が出ている。

まさかと思って、出てみると——。

「オッパァ。わたしですよ、わかりますか」

聞き覚えのある声だった。

韓デリのユナではないか。

「オッパァ、わたし、お店移りましたよ」

ユナは帰国したのではなく、店を移籍したのだった。

「ずっと休んでた。太ったよ」

ユナは私と会いたいと告げてきた。

翌日——。

鶯谷のある喫茶店で、私たちは三ヵ月ぶりの再会を果たした。

「オッパア。元気ですか」

「元気ですよ」

久しぶりに見るユナは、メイクが濃くなり、大人めいていた。

前の店では店長とうまくいかなかった様子だ。店を辞めても韓デリ界からパージされず、他店に移籍できたのだろう。

ユナは、バッグの中から私が以前プレゼントした日本のマンガ本を取り出した。

「日本語、難しいけど、読んでます。日本のマンガ、おもしろい、大好き」

親日家が地上から一人、消えていなかった。

「よく私の連絡先、わかったね」

「これ」

ユナは見覚えのある旧型携帯《ガラケー》を見せた。

「こっち、プライベート。こっちお店の」

サムスンのスマートフォンが仕事用として店から渡されたもので、ユナのプライベート用は私が一度かけて履歴の残っているガラケーのほうだった。

「お客さんの携帯、こっちに登録してある」と店のスマートフォンを指さした。

「オッパァだけこっち」とユナはプライベート用のガラケーを指した。

特別扱いだとリップサービスで言ってくれているとしても、嬉しいものだ。

「なんで連絡くれたの？」

「お客さんって、時間全部使って二回、三回エッチする。みんなするよ。オッパァだけ、一回は。オッパァ、話聞いてくれる。優しいですね」

そう言われても、私だって偉そうなことは言えない。

韓デリで遊ぶ客は貪欲だ。

これからしばらくは、ユナは体の奥で男たちの欲望を受け止める日々になる。

「カゼひいた」

ユナが鼻をすすった。

「日本の冬寒いです」

「韓国の冬のほうが寒いんじゃない？」

「寒いけど韓国の家はオンドルがあります。壁や床のパイプにお湯が一日中流れています。だから暖かいですよ。日本の家は部屋ごとに暖めているから寒いです」

しばし日本のマンガについて語り合う。

「まんだらけ、連れてってください」

「うん」

するとユナは、またもやネコパンチをくりだした。

どうやら韓国の若い子たちの仕草なのか。
この子がまた鶯谷で働くのかと思うとやるせない気分になってくる。
しかし人間、生きていかなきゃならない。
「日本はどうですか。まだ好きですか？」
ユナは、寂しげな微笑を浮かべた。
遠くで山手線の走行音が響いていた。

あとがき

山手線鶯谷駅外側の景色は、本日もラスベガスのようにきらびやかな不夜城めき、反対側、高台の芸術の森は、今日も凜《りん》とした表情を見せている。

俗悪なるものと聖なるものとが併存した幻の街を歩き通し、かくして一冊に仕上がった。

鶯谷は気取りを捨てて歩ける街だ。

鶯谷は混沌とした渦を巻きながら、今も女と男のドラマを生み落としている。

ラブホテルを利用したデリヘルのメッカであるだけでなく、老舗店の点在する由緒ある街、B級グルメの街、粋人《すいじん》の街である。

昭和のロケセットがそのまま残ったかのようなこの街が、いま沸騰している。

そんな息づかいが少しでも伝わったなら幸いだ。

本書のきっかけを与えてくれた、ユニークな経歴をもつ腕利きのエディター・杉山茂勲氏、エビ天の金監督、カルトスター・宝島社・藪下秀樹氏、ノスタルジックな装丁をしていただいた妹尾善史氏に感謝したい。

カバー写真は東良美季氏が鶯谷を散策しながら撮った。

私は彼の書く文章も好きなのだが、彼の写し取る冬の午後の日差しのような写真のファンでもある。今回、無理を承知で頼んだところ、快諾していただいた。だからこの本は余計贅沢なつくりになっている。

出会った人々、取材に応じてくれた男女、本書制作に携わった方々に感謝したい。

鶯谷はなおもカオスにある。

子規のうめき声、ラブホテルから流れてくるせつないあえぎ声、寛永寺の荘厳な読経、小山田静子が打擲《ちょうちゃく》される音、駅から響き渡る哀愁の走行音。

私も少々疲れてきた。

では、このへんで。

二〇一三年初冬　　本橋信宏

ぬばたまの　鶯谷の　夜に啼く

信宏

〈文庫用増補版①〉

二代林家三平・海老名香葉子インタビュー

「引越しも考えたけど、やっぱり鶯谷がいい。慣れてるから離れられないです」

父・初代三平と歩いた鶯谷の記憶

昭和の爆笑王・初代林家三平はここ鶯谷の生まれであった。

単行本収録の際、初代林家三平の遺《のこ》した笑いの功績や所縁《ゆかり》ある品々を展示した資料館「ねぎし三平堂」を紹介した。

喜劇人は年を取るとシリアスな役柄を演じたり、笑いだけではなくペーソスや感動を付加させたがるものだが、初代三平は「ただこよなく人を笑わしたるのみ」と、最期まで喜劇人をまっとうした。その心意気が展示品の日記やメモからわかる。

子規庵とねぎし三平堂は、鶯谷回遊の際、ぜひとも訪れたい名所である。

今回、文庫版を出すにあたって、私は鶯谷を知る著名人として二代林家三平師匠に話を聞こうと思った。

二代林家三平と兄の九代林家正蔵（襲名前は林家こぶ平）は、「ねぎし三平堂」の裏手にある自宅で暮らしている。ここは初代林家三平の生家でもある。

今回、私、杉山、藪下の三名は、その林家一家の自宅応接室で話を聞いている。

庭はけやき、つばき、石が配置され、一月の寒《かん》の雨に濡れている。

風情ある眺めだ。

昭和四十五年（一九七〇）に生まれた二代林家三平は、初代林家三平と海老名香葉子の次男である。長姉は美どり（夫は峰竜太）、次姉は泰葉、兄は九代林家正蔵、二代林家三平は末っ子にあたる。

父である初代三平は一九七九年に脳溢血で倒れる前まで、よく鶯谷周辺をジョギングし、二代三平も小学三年生まで、父の後について一緒に走った。

「上野の山をここ（根岸の自宅）からスタートしましてね。見ないようにって言われていたラブホテル街の脇を走って（笑）、鶯谷を抜けて寛永寺坂をのぼって上野桜木町、そして寛永寺で徳川様にお参りをして、上野公園を抜けて、不忍池をグルーッと

二代林家三平

回って。ちょうどいまの上野東照宮の斜め前に茶店《ちゃみせ》があるんですよ。あそこでラムネを一本飲んで、帰りは鶯谷駅南口のほうを回って、『手児奈《てごな》せんべい』っていう煎餅屋さんがあるんですが、そこを抜けて柳通りの手前を左に入るんですね。

左に入ると豆腐屋さんと八百屋さんがあったんですよ。豆腐屋さんで出来たての木綿豆腐と（油）揚げを買って、八百屋さんで採れたての野菜を買って帰ってきて、それを朝ごはんとして作ってもらうっていうのが日課だったんですよね。うちの親父は厚揚げが好きだったもんですから、厚揚げを焼いて、生姜醤油で食べるっていう」

出来たての木綿豆腐と油揚げ、採れたての野菜が並ぶ、地産地消、なんと洒落た朝食なのだろう。もっとも三十年ほど前の下町の朝飯というのは、そんなものだった。

「（父は）地の物と根岸界隈を愛してるっていう意識が強かったですね。で、ジョギングしてると地元の方から〝三平さん！　精が出ますね！〟ってよく声をかけられるんですよ。うちの父は〝オリンピックが近いもんで〟って（笑）」

普段の生活でも笑いをとるのを忘れない。

私はここで初代三平伝説とでもいうべきエピソードが果たして本当なのか、二代三平師匠に直接尋ねてみた。脳溢血で倒れ東京逓信病院に入院したときのことだ。

「お父様が脳溢血で倒れられて危篤状態のときに、お医者さんが〝しっかりしてください。自分のお名前、わかりますか？〟と質問したら、〝加山雄三です〟って答えたって本当ですか?」

「はい、本当です」

「本当だったんですか?」

「本当です。いつでも〝加山雄三です〟って言ってました。どこの局であっても、〝三平さん!〟って言われると、〝あ、加山雄三です〟って言うんですよ。加山雄三さんの若大将シリーズが好きだったみたいですね、うちの父は」

映画スターであり自ら歌う楽曲を作曲する加山雄三は、六〇年代モテる男の代名詞でもあった。

朝のジョギングに付き添っていたら、そのうち自転車になった。

「父と一緒にずっとサイクリングに行ってたんですよ。当時車道と歩道って段差がバリアフリーになってなかったじゃないですか。その段差で私が転んじゃって膝を擦《す》り剝《む》いたんです。血だらけになってしまって父が助けてくれると思ったら、助けてくれなかったんですよ。じーっと見てるんです。

しょうがないから私、泣きながら一人で立ち上がって、また自転車に乗っかって走り始めて父の傍《そば》に行ったときに〝いいか、男っていうのは、一人で立ち上がるもんだ〟って教えてくれたんですよ。それがちょうど『手児奈せんべい』の界隈なんですよね」

「街にそういう思い出が染み込んでるんですね」

「私の血も染み込んでます（笑）」

鶯谷でいまも暮らす二代三平師匠にとって、街は記憶のアルバムになっている。

根岸を訪れた行商たち

二代三平少年のもっとも古い記憶――

「一番古い記憶は、小学二年生のころ、ちょうどこの家の斜め前あたりに布団屋さんがあったんですよ。その布団屋さんに毎年、綿《わた》を足しに行くっていうのが僕の役目でした。使っていると綿が潰れてくるでしょ。そうすると綿を取り替えに行って、フカフカの布団でもって正月を迎えるんです。枕のそば殻《がら》も取り替えに行ったりとかしましたね。布団は重いです。よいしょ、よいしょって言いながら、お弟子さんたちとみんなで協力し合って布団屋に持って行きました。お店の人も、〝ああ、また取り替えに来たんだ。じゃあ今日は良いのを足しておくからね〟とか、そういう会話が必ずあったんですよね。

それから、家のちょうど目の前にビジネスホテルがあったんですよ。名前がなんだっけな？　そのビジネスホテルの入口に初めてボンカレーの自動販売機ができたのを憶えてます。ルーとご飯がセットになったやつです。お金を入れてボタンを押して、温まって三分後に、はいどうぞ。ボンカレーライスを手に持って、ビジネスホテルに入るっていうお客さんが多かった。これは私の記憶が確かならば、都内でも一番最初に出来たはずですよ。それをよく買って、食べてた記憶がありますね」

ボンカレーの自販機は、今では「幻の自販機」とも言われている。都内ではあまり目撃例がないが、鶯谷では、他にも目撃証人が複数、ネットでも散見される。やはり珍しかったのだろう。私もあまり見た記憶がない。なぜボンカレー自販機の走りが鶯谷にあったのかは謎だ。

当時はコンビニもスーパーも無かったので、色々な業者が路地裏まで行商に来ていた。石焼き芋屋、夜鳴きそば、金魚屋、豆腐屋、炭屋――。

「〝石焼き芋のおっちゃん〟っていって、六十歳くらいのおじちゃんがいつもリヤカー引きながら、〝♪石焼き芋、焼き芋〟と言って、ちょうどそこの角で止まるんですよ。〝焼き芋が来たっ！〟って買いに行くんです。天秤《てんびん》ばかりがあって、そこに焼き芋を入れて重さを量って、おまけをしてくれるっていうのがすごく楽しみでしたね。焼き芋を新聞紙で包《くる》んでね。でも、うちは家のテーブルで食べないといけなかったんです。立ち食いは駄目なんです。立ち食いはうどんだけだったです。

それから夜になると、夜鳴きそばが〝♪プープー〟って来るんですよ。あのラッパの音を聞いて、〝あ！　そば屋さん来たよ！〟って言うと、うちから丼《どんぶり》とお盆を持っていくんですよ。

金魚屋も〝♪金魚屋、金魚〜〟って。豆腐屋さんも〝♪プープー〟って必ず来て、お椀持っていって豆腐と厚揚げを入れてもらう。〝今日の出来はどう？〟〝ああ、今日はね、豆が朝からちょっと煮過ぎちゃったかなあ〟とか、そういう会話ができるんですよね。〝うさぎの餌にするからおから持ってきてよ〟ってお願いすると、タダでおからを持ってきてくれるんですよ。でも〝料理でおからを使う〟って言うとちゃんとお金をとるんです。そういう小粋なところがありましたね」

話を聞いていると、下町ならではの濃密な人間関係が伝わってくる。

炭屋は炭を持って来て、使う分の炭をその場で切ってくれる。粉が出るのでその粉まで集めて火鉢の中に入れて暖を取った。

昔のほうが今よりもモノを大事にしていた理由を、二代三平師匠は買い物の仕方にあると分析する。

「当時は駄菓子屋さんが日暮里《にっぽり》側のほうに行きますと数軒あったんですよ。ガラスの箱があって、〝おばちゃん、これちょうだい〟って言ってお金渡すと、開けてくれた。それまで品には触れられなかった。モノに触れるということの大切さ、そっから生まれたなっていうのは思いますね。今の時代、スーパーは品をかごに入れて後でまとめて会計じゃないですか。昔は先払いですね。先払いの文化。先払いをしてモノをもらって、ああ、手に取ったたっていうその実感。モノを大切にしようっていう気持ちがそういうところから生まれたんじゃないでしょうか」

今では滅多にお目にかかれない伝統芸能も行商にやってきた。

「正月になるとね、三河萬歳《みかわまんざい》が来ました。頭巾《ずきん》を被って陣羽織みたいなのを着て、〝♪まぁんざいな、まんざいな〟って言いながら門から入ってくるんですよ」

三河萬歳とは、愛知県の旧三河国地域を根拠地として、各地を回った正月の祝福芸である。家々を訪れて祝言《しゅうげん》を述べたり、滑稽《こっけい》な掛け合いをしたりする。萬歳師の滑稽な会話が人々の笑いを誘い、それが福をもたらすと考えられていた。

「〝あっ！　三河の萬歳が来た！〟ってみんなで聴くんです。当時のいわゆる干支に絡んだこととか、縁起の良いことを歌にして。いわゆる相撲甚句《すもうじんく》のような感じですよねえ。一人で来て語るんです。それでおばあちゃんがお小遣いをご祝儀袋に入れてお渡しするっていうのが、正月の習慣でしたね」

「もう今は来ないですね？」

「ああ、もうないです、ないです、ないです」

「三平師匠の家って知ってて来るんですか？」

「はい」

「緊張するでしょうね、向こうも」

「いや、いきなり開けて〝♪まぁんざいな、まんざいな〟って来ると、〝おぉーっ!〟ってみんなで驚いて聴くんですよ。三河萬歳が訪ねて来てくれると繁栄するというか、縁起が良いもんだよっていう。今は祝福芸というと獅子舞が主流になってしまいましたが、当時は三河萬歳が文化としてありましたね。全国回ってらっしゃったと思います。下町のこの家に行こうっていうのはだいたい決まってるんですよ」

「ああ、やっぱり大大臣《だいだいじん》。豪邸に行くんですね」

「豪邸といっても昭和四十五年から五十五年当時は、うちはこの半分の土地で建物自体も半分しかなかったもんですから。でも、三平師匠のお家《うち》だっていうんで来てくれて、縁起の良いことをやってくれるっていうのは習わしでしたね」

初代三平の交友録

　ここ三平一家の自宅からすぐ近くには、創業三百二十年の豆富料理の名店「笹乃雪」がある。

「『笹乃雪』はよく行かれたんですか?」

「『笹乃雪』はね、滅多に行けません、高いから。もうあそこは偉い方が来ていただいたときにご接待の場所です。あと、洋食屋の『香味屋《かみや》』もそうですね。昔は『高勢《たかせ》』という寿司屋があって、財界の方がいらっしゃったり……、あ、そのころの話はお袋にしてもらったほうがいい。今いるんでちょっと呼んできます。母さん、ちょっといい？」

中座して、三平師匠が連れてきたのは、実母の海老名香葉子さんであった。まさか本物のご母堂にお目にかかれるとは。贅沢なインタビューではないか。

ソファに招き猫のように座った香葉子さんが回想する。

「この家の辺りはですね、〝暗闇横丁〟っていうぐらいお屋敷がすごかった。どこの家でももう木がいっぱい繁ってて、日本各地から声のいい鶯を集めて、競って鳴かせてたんです。子規庵のある通りは、〝鶯横丁〟って言ってました。今では中村不折さんのお庭が全部、書道会館になってます」

戦前、この一帯のお屋敷では鶯を飼って鳴き声を競わせていたという。鳥獣保護法が施行されたいまでは、絶対無理な風流な横丁である。

「うちの前の通りをまっすぐ行くと根岸の花柳界につながってましてね、『高勢』の寿司屋があったりして、もうそれこそ美味しいものもいっぱいありました。いまで言うと『久兵衛《きゅうべえ》』とか『すきやばし次郎』とかと同じぐらいの格の寿司屋で、長嶋さんとか王さん、（石原）裕次郎さんとか、サントリーの会長もいらっしゃってました」

初代林家三平の交友関係は幅広く、政財界はもとより球界から映画界までおよび、なかでも石原裕次郎との交友は有名である。

ある夜、初代三平とともにサントリー、森下仁丹、リッカーミシンなど総勢二十名近くの社長たちがふらりと鶯谷にやってきて、『高勢』で寿司をつまむことになった。ちょうどサントリーがビールを初めて発売した時期である。

香葉子さんはピンときた。もし店にサントリーのビールがあったなら……。

ウイスキーでは売り上げ日本一のサントリーもビールは完全な後発メーカーであり、当時はキリンを始めサッポロやアサヒの後塵《こうじん》を拝しながらスタートした時期だった。

「ああ、サントリーのビールは『高勢』に置いてない。もう夜十一時ころですからね、じゃ探しましょうっていうことになって、うちのお弟子から何からみんな手分けして酒屋を起こして、ビールをもう集めるだけ集めて持っていって。ちょうど皆さんが来て、〝じゃ、乾杯しましょう〟って言ったときに、サントリーのビールが出たんで、社長が〝えっ、置いてくれてたの⁉〟って、もうこの喜びようってなかったです。それで、乾杯しましてね。

しばらく経ったら、皆さんがこれから家へ来るって言うんですよ。うちはまだ狭い家なんです。今の半分くらいの家だったんです。皆さん来るって言ったって、座るところはないし……。お弟子は住み込みでいっぱいいたんで、弟子たちに手伝わせて、簞笥《たんす》やら家財道具をみんな庭へ出して、丸いお膳だの長いお膳だの机だの並べて座れるようにして、皆さんをお迎えしたんです。そのときもサントリーのビールをお出ししました。サントリーの社長さんはその夜の飛行機で大阪に帰る予定になっていたんですけど、キャンセルしてうちで一晩明かしちゃいました。明け方、皆さん黒塗りの車で帰っていきました。

その後、サントリーの社長さんが『実はある会合があった後、三平さんの家へ行って明け方までみんなでどんちゃん騒ぎをした。嬉しかったのは、まだ全然出回ってない我が社のビールを出してくれたことだ』って新聞に書いてありました」

交友関係が広いというのも大変だ。

藤圭子と三平一家の繋がり

デビュー前の藤圭子（宇多田ヒカルの母）は北海道出身で、東京では三平宅に一時期やっかいになっていた。

「そうですね。藤圭子はうちにいたんですよ。石坂まさを（『圭子の夢は夜ひらく』の作詞者で育ての親）が本名の澤ノ井龍二を名乗ってた頃に、〝おかみさん、北海道に行きたいから〟って言うんでお小遣いあげてたんですよ。北海道にちょこちょこ行ってて、そのうちしばらく経ってから、〝いい子がいるから面倒見たいんだけど〟って言うんです。〝おかみさん、しばらく預かってくれないか〟って、うちに女の子を連れて来たんですよ。それでデビュー前には阿部純子という本名で、林家三平の前座で歌わせてました。ですから、みんなは〝純ちゃん、純ちゃん〟って呼んでました。落語の合間にギター弾きながら歌っていました。半年以上付いてましたね」

「三平師匠と一緒に？」

「そう。一緒に回って」

　初代林家三平の前座に藤圭子がギターを抱えて出ていた。ミスマッチだがなんと豪華な組み合わせだったのだろう。

「それで新宿の厚生年金会館のすぐ脇に石坂まさをの家があったんです。そこへ（レッスンで）通わせてました。うちはお弟子さんがたくさんいたのでお小遣いあげるのをたまに忘れちゃうときがあるんです。あるとき純ちゃんが〝おかみさん、ごめんなさい。実は電車賃がないの〟って言うから、〝えーっ、電車賃がなくちゃレッスンに行けないじゃないの。早く言わなくちゃだめよ〟って電車賃渡してやって行かせたこともありました。（弟子は）大勢ですから、十八人くらいいました」

　一九六九年、林家三平宅に下宿していた北海道出身の阿部純子は「藤圭子」の芸名を授かり『新宿の女』で歌手デビュー。『圭子の夢は夜ひらく』の大ヒットで一九七〇年、NHK紅白歌合戦に初出場を果たす。一人娘の宇多田ヒカルが歌手デビューして大成功を収めたのは記憶に新しい。母がまだデビュー前の娘を三平宅に連れてきたこともあったという。

香葉子さんの嫁入り

太平洋戦争末期、墨田区本所《ほんじょ》で暮らしていた海老名香葉子の家族は東京大空襲に遭い、父・母・祖母・長兄・次兄・弟の家族六人が亡くなってしまう。香葉子は沼津に疎開していたために九死に一生を得たものの、戦災孤児となった。

昭和二十七年（一九五二）、林家三平のもとに嫁入りする。

「わたしがここへ嫁に来る前は、中根岸に（三遊亭）金馬師匠が住んでいらっしゃいましてね。それで拾われまして、師匠の家にいました。そこから縁ありまして、ここに来たんですよ。

中根岸からお嫁さんの支度して、この家まで来たんですけどね。人間国宝になった柳家小さん師匠を育てたおかみさんが、嫁入りの草履《ぞうり》を作ってくれたの。その草履、まだ残ってます。草履の底はタイヤのゴムで作ったので重たいの。表は化粧品の箱のつるつるしたきれいで作ってあるからつるつる滑る。それを履いて、貸し衣装ですけどね、お嫁さんの支度で来たんです。もうチンドン屋と間違えられました（笑）」

嫁入りのとき、鶯谷はまだ戦争の焼け跡が残っていた。

戦前、この地には王子、日暮里より流れ込む音無川という清流があった。水質がよかったために水遊びもできたし、シジミも採れたという。

香葉子さんがこの地に嫁入りした時分には、大相撲の興行初日の取組を触れ歩く〝触れ太鼓〟も根岸界隈にやって来た。

「トンストトントン、トンストトントンって、肩に担《かつ》いだ触れ太鼓。両国でお相撲が始まると触れ太鼓が来るんです。それもお客筋だけですよ。笹乃雪とかうちだとかこの辺のご贔屓《ひいき》筋のところだけ。〝相撲は明日が初日じゃぞぇー、大鵬関には栃ノ海じゃぞえ〟って。相撲甚句《じんく》とは違う。呼び出しを読むんです。いい声なんですよ。もう細くてハァーっていう声が。触れ太鼓の親方がいてね」

下町には鳶《とび》もいる。鶯谷のこの辺りは「る組」と呼ばれる組が健在だ。まだ若かった姑《しゅうと》とおかみさんを安心させようと、る組の頭《かしら》が夕方になるとかならず「お変わりありゃあせんかぁ」と声を掛けてくれた。

子規庵とラブホテル「四季」

ところで、今や鶯谷の代名詞になった感のあるラブホテル街であるが、現在の林立ぶりに至る原因は何だったのだろう。

私がこの地の古老から聞いたところによると——終戦直後、焼け跡に簡易宿泊所ができて、職を求めに上野駅から吐き出された人々が泊まるようになり、世の中が安定しだすと、簡易宿泊所は学生の修学旅行の宿泊施設になった。やがて修学旅行の宿泊先が大きなホテルになり、職探しの客も減っていくと宿泊所は連れ込み宿になり、後のラブホテルになっていく、という話だった。

香葉子さんによると——

「上野駅の前に修学旅行の宿屋さんがずっとあったんですよ。駅前が道路改正（拡張）になったでしょう。その煽《あお》りで、宿屋が行くところがないから、それがどんどんどんどん押し寄せてきて、こっちに来ちゃった。だからわたしがここに嫁に来た昭和二十七年には、宿なんか何もありません」

香葉子さんの説によれば、上野方面から宿泊所が押し寄せ、それがラブホテルに変わっていったということだろう。

すると二代三平師匠が新説を唱える。

「僕が聞いたのは、東京オリンピックがあって、簡易宿舎が足りなくなってしまったんで、外国の方とか地方から来た方を泊めるために、ここにバーッと建てたっていうのを聞きました。東京オリンピックが終わってガラガラになってしまったんで、それらがラブホテルになってしまったっていうふうなことは聞いたことがありますよ」

二代三平師匠は昭和四十五年に生まれ、物心がついたころには、もう自宅周辺にはラブホテルが林立していたという。

「だから、〝あっちは行っちゃいけないよ〟って、言われてました」

初代三平・香葉子夫妻は、次女が生まれた昭和三十六年ころ、さすがに子どもの教育上良くないと考えて引っ越しを考えたことがあった。

「夫がちょっと人気が出てきまして、いくらか余裕ができてきたので、引っ越ししようっていうことで、もうとにかくいろんな土地を見て歩きました。家の隣りまでホテルになったら子どもの教育上良くないし、お弟子さんたちもいるから、引っ越ししようっていうことで、まあ歩いた歩いた。いろんなところを見て歩いたんですけど、帰ってくるとやっぱり根岸がいいなって。根岸は楽だし、もう慣れてるから離れられないなあっていうことで、結局ここに居ついちゃいました」

すぐ目の前には正岡子規終焉の地、子規庵がある。その斜め前に「四季」というラブホテルが建てられた。子規と四季。ややこしい。

正岡子規の故郷、四国松山の関係者から苦情が来て、林家三平一家は下町情緒を残すために思い切って隣接するラブホテルを買い上げようとしたのだったが、べらぼうに高かったために計画は頓挫《とんざ》した。

その後、度重なる陳情で、さすがにホテル名は「四季」から違うものになったという。

この地を離れない理由

三平一家の軒先には干し柿、室内の天井からは唐辛子が吊るされている。干すのは何か理由があるのだろか。

「唐辛子は魔除けですね。干し柿とか、あといろんな物を干したなあ」

「そう言えば、子規庵ではヘチマが干してありました」と私。

「毎年、植木屋さんが入って実をたくさん実らせます。うちは玉ねぎも吊るしますね」

「え？　どうしてですか？」

「吊るしておくと、芽が出ないんですよ。いつでもカレーライスの具材にできるもんですから、吊るしてある玉ねぎを使って炒めたりとかいたします」

生活の知恵というやつだろう。もっともお弟子さんは、〝芽の出ない〟玉ねぎはあまり食べないほうがいい。

テーブルには、鉢植えに小さな植物がいくつも植わっている。

「これはなんですか？」

「これは七草粥《ななくさがゆ》の七草ですね。せり、なずな、ごぎょう、はこべら、ほとけのざ、すずな、すずしろ、これぞ七草。こういうセットになって、近くの植木屋さんが持ってきてくれてるんですね。

暮れになると植木屋さんが来てくれて、庭の掃除と剪定《せんてい》が終わるでしょ。そうすると最後に庭に葉牡丹と南天《なんてん》の木を植えてくれて、そしてこれを持ってきて〝はい、終了いたしました〟って。植木屋さんの暮れのご挨拶なんですよ」

三平一家がラブホテルの波に押し寄せられながらも、この地を離れない理由がわかった気がした。

土地に刻まれた人情、目に映る風情は、長い年月をかけて熟成されたもので、他所《よそ》ではけっして味わえない。

鶯谷に、三平邸に、寒の雨が舞い落ちる。

〈文庫用増補版②〉解説に代えて

本書の前身である単行本を出してから一年二ヵ月が過ぎた。

その間ずいぶん取材を受けた。

『週刊読書人（二〇一四年四月四日号）』で、『さいごの色街　飛田』（筑摩書房）の著者・井上理津子さんと対談したこともそのひとつだ。

テーマは「男と女が交差する町、鶯谷、そして飛田」。飛田というと、大坂・通天閣の傍、いわゆる〝ちょんの間〟という本番風俗がある街である。西と東の不可思議な空間として存在する飛田と鶯谷。

『週刊読書人』の編集部が指定した対談場所は鶯谷だった。私が鶯谷駅南口の石段を降りていくと、下から『東京最後の異界　鶯谷』を広げて歩く女性と遭遇するではないか。すぐに本日の対談相手だとわかった。

井上さんは大阪の人で、最近になって単身上京し、東京でフリーランスの文筆活動をおこなっている。出版不況のなか、肝《きも》の据《す》わった女性なのだ。

その井上さんも鶯谷は初体験だった。対談でこんな発言が出てくる。

「今日鶯谷に来て、大阪の桜ノ宮と十三《じゅうそう》と谷九《たにきゅう》を足しても余りある……と（笑）、驚きました」

井上さんを驚かせたのは、駅改札口からはじまるラブホテル街だった。

「私は今日ホテル街をひと周りして、男女とも一人で歩き、一人でホテルに入って行かれる人ばかりなんだなと思いました。途中、〝ツチダさんですか？〟って男の人から声かけられちゃいました（笑）」

ツチダさんとは何者なのだろう。

飛田という街にずらりと並ぶちょんの間のキッチュで妖しげな建物は、ある種、文化遺産であろうが、井上さんはその建物で少なからぬ女性たちが不本意ながら働いていることを思うと、全面的に礼賛するわけにはいかないという立場だった。

対談の後、駅前の大衆居酒屋「信濃路」で談笑となった。井上さんはこれ以後、鶯谷に関心を抱くようになったという。

朝日新聞夕刊連載「各駅停話」は毎回、路線と駅が紹介されるシリーズで、二〇一四年四月十日売りの紙面でJR京浜東北線・鶯谷駅が取り上げられ、私と本書が登場した。お堅い紙面に風俗業界のことが載ったのも異例であろう。

あれから鶯谷はどう変わったのだろうか。

私と宝島社・藪下秀樹、フリーランス編集者・杉山茂勲はおよそ一年ぶりに懐かしの鶯谷をそぞろ歩いた。

夜八時——寒波が押し寄せ、底冷えがする。異様な寒さのせいか、ホテル街は閑散としているが、一年前に比べるとラブホテル街のたちんぼがだいぶ復活している。あのころは摘発を恐れて、姿を消していたのだろう。

警戒しているのか、向こうからなかなか声をかけてこない。何人かに声をかけてみたが、「警察？」とストレートに返してくる。

ほとんどが四十代から五十代、なかには六十代とおぼしきたちんぼもいる。四十代のたちんぼが話すには、以前は吉原のソープで働いていたという。風俗業界もデフレにあえぎ、格安ソープや格安デリヘルが主流を占め、二十代三十代でも割安になったために、中年風俗嬢が割を食っているのだ。

鶯谷には三十分二千九百円という超格安デリヘルまで登場している。どうしたらここまで安くできるのかというと、固定経費を削るために、デリヘル嬢を路上や漫画喫茶で待機させ、待機所を無くしているからだ。

言問通りを渡る途中、歩道に三人の女たちがたむろしている。長い黒髪に流行遅れのボディコン、ハイヒール、近づくと七十代に見える。人妻・熟女風俗のメッカである鶯谷ならではの超熟女デリヘルの女たちである。加齢を粉飾しようと香水をつけ過ぎて甘い匂いでむせかえるようだ。厚塗りの化粧はかえって老けて見える。だが年増《としま》好きの男にとって、この手の老け方のほうが欲望に火を点《つ》けるのかもしれない。

言問通りの橋脚下には、百八十センチ近い背の高い女が二人立っている。彼女たちは長身デリヘルの女たちであろう。客によっては長身の女を征服したいというタイプと、逆にいじめられたいというタイプがいる。長身デリヘルはどちらの欲望も満たす新たなビジネスモデルである。最近のデリヘルは客の好みに対応して、営業種目がますます細分化されているのだ。

薄暗がりの公園に数名、力士のような人間が固まっている。六十代、七十代の超熟女のたちんぼだ。彼女たちを相手にする男がいるのだから、男の性欲は多岐《たき》にわたる。

鶯谷駅北口ロータリーには、太った女たちがやたらと目に付く。客と待ち合わせしているデブ専デリヘルの女たちだ。マニアックなデリヘルが多数営業中の鶯谷にあって、流行はデブ専である。デブ専といっても、軽い肥満体の「ぽちゃ」もあれば、体重九十キロ越えの「巨デブ」もある。

最近密かな人気を集めているのがパンストデリヘルだ。黒いパンストにタイトスカートをはいた秘書風のデリヘル嬢がやってくる。脚フェチ、パンストフェチはもちろん、パンスト破りもあるからＳＭプレイ目当てもいる。

男娼は見当たらない。以前、峰竜太がメインキャスターの『峰竜太のミネスタ』

（ラジオ日本）に私が出演して鶯谷について語ったとき、「昔は線路脇に（男娼が）立っていたんです」と、鶯谷に住んでいたことがある峰竜太が証言してくれたが、いまは姿を見せていない。

鶯谷駅北口の薬局前で、七十歳前後の客引きの男が私たちに話しかけてきた。マレーシア人、タイ人の女性を斡旋する本番デリヘルをやっているという。

「ホテル代込みで、六十分二万でいいよ」

悪質な客引きは少なくなったというが、夜の遊びで客引きについて行って幸せになったケースはあまり聞かない。

私たちが客引きの男と話していると、脚を軽く引きずった七十代とおぼしき女が割って入ってきた。蛭子能収《えびすよしかず》が女装したような女だ。どうやら客引きの男と同業らしい。

「いいホテル教えるからね。わたしは日本の若い子しか呼ばないよ。いまは若い子、一万から呼べるよ。わたしでよければ泊まりで八千円。最終電車までなら六千円でいいよ。どう？」

風俗嬢を引退し客引きをやりながらも、いざとなったら自分も復帰する、たくましい姿勢だ。六千円で本番という超格安コースであるが、私たちは何事もなかったかのようにホテル街へと去って行った。

その後、しばらくホテル街を探索して角を曲がったところ――

「あら！　まだいたの？　どう、行かない？」

先ほどの蛭子能収風の女とばったり。

身の上話を聞いたら、若いころは鶯谷駅南口付近で店を持ち、水商売をしていたとのこと。その後は口を濁《にご》していたが、風俗関係の仕事をやりだしたのだろうか。熟女風俗の巣窟《そうくつ》・鶯谷だからこそ、いまなお現役でやっていけるのだ。

「すぐ女の子呼ぶからさぁ。待ってて」

蛭子能収風女が携帯を取り出そうとショルダーバッグを肩からはずしたら、シャツがはだけて白い胸元が露出した。夜の闇に見惚《みと》れるほど白く透明感のある柔肌が浮き上がった。セミリタイヤしているとはいえ、いまだ現役のことはある。

私たちは残念がる蛭子風の女に別れを告げ、言問通りを渡り住宅街の一角にある「鍵屋《かぎや》」という小さな居酒屋に入った。黒塀に囲まれた隠れ家風の店で、古くから通《つう》の間に知られた店だ。江戸時代に酒問屋として創業し、昭和二十四年から現在の居酒屋になったという。日本酒の似合う店だ。

体が温まったところで河岸《かし》を変えようと、杉山茂勲が前から行ってみたいと言っていた「東瀛《とうえい》」という大衆居酒屋をめざす。

雑居ビルの一階の奥にあるらしいが、入口には外部からの来訪者を拒絶するかのように「不法投棄を発見したら即通報！」という警告文が書かれたビラが至る所に貼られている。手書きの文字は住人の怒りをそのまま反映したかのように荒々しく、不測の事態がいつ勃発してもおかしくない気配だ。

私たちが店に入ると、ん？　この雰囲気、どこかで見た記憶が――。

そうだ、駅前の「信濃路」によく似ている。

ウインナーあげ250、ベーコンエッグ300、豚キムチ500、おでん100、豆苗炒め400――安さ爆発の手書きメニューが短冊状で垂れ下がり、カウンターにはアジア系外国人らしき男女が立っている。

「中国の福建省です」

二十代らしき店員が出自を話した。

「前は『信濃路』で働いていましたが、給料が安いから、自分たちでお店やるようになりました。二年前にこの店を出しました」

料理も「信濃路」を踏襲している。安くて旨い。

私たちはこの店で、本書の解説代わりの鼎談《ていだん》をすることにした。

本橋　ということで、まずは乾杯。

藪下・杉山　お疲れ様でした。

本橋　文庫を買われた方のために、単行本とこの文庫増補版の制作舞台裏を、ざっくばらんに語ろう。

藪下　私は編集側ですから、どうしても入稿スケジュールのきつい思い出が……。

杉山　たしかに（笑）。

本橋　苦労かけました。単行本のときは、企画が立ち上がったのが二〇一三年九月三十日、このときはまだ正式にゴーサインが出ていない。数日後、正式に単行本決定の報《しら》せが出て、初めて三人が鶯谷に立ったのが翌十月四日午後五時。「信濃路」で打ち合わせですよ。すごい店があるなあと、裏口から入って鯖味噌定食を食べていたら、藪下・杉山コンビが表口から入ってきて合流したという。

藪下　発売日は十二月中旬ですから、印刷・配本の期間を差し引くと製作期間は一ヵ月半。果たして本当に本になるかどうか。

本橋　いや、やるしかなかった。

藪下　何度も落ちる（締め切りに間に合わない）と思いましたよ。最後の最後、憶えています？　原稿今日中に送る送ると言いながら全然送ってくれなくて、結局送ってくれたのは校了予定日を三日過ぎていました。

本橋　自分で納得がいくまで取材したかったから、執筆が遅くなりました。申し訳ない。カバー写真を撮ってくれた東良美季さんに撮影ポイントをつかんでもらおうと、私たち三人で鶯谷を案内したのが十一月十九日、すでに宝島社のホームページでも十二月十三日発売、と公式に告知されてある。その時点で私、まだ三分の一しか書いてなかった。

藪下　よく仕上がりました。

本橋　いつもラストスパートがきく男だから（笑）。私にとっては、「鶯谷」のスタートは十月八日でした。韓デリ通のシンジさんから「信濃路」で話を聞くことになって、西陽《にしび》の差し込む十月にしては暑い店内で、中国人の女性店員が冷房スイッチを入れようと私の頭越しに手を伸ばしたところ、大きな乳房が私の頭に当たったあの柔らかい感触からでした。

杉山　あの店は、駄目な人間もここに居ていいんだよと懐に入れて癒やす魅力がありますね。

藪下　『東京最後の異界　鶯谷』に続く異界シリーズともいうべき第二弾『迷宮の花街　渋谷円山町』が先日、一月二十二日に発売されたんですが、こっちのほうがもっと危なかった。私、もう絶対無理だって諦《あきら》めましたもん。

本橋　だから大晦日も正月もなく書いたって。

藪下　さんざんヒヤヒヤさせながら、本橋さんの偉いところは、そうしたときの原稿のほうがむしろ読ませる（笑）。質が落ちてない。

本橋　「鶯谷」のあとがきの最後から二行目、「私も少々疲れてきた」という一文は、まさしく本音でした。寝てないんだから。とにかく。
杉山　本橋さんがすごいのは、鶯谷とブントの荒岱介《あらたいすけ》代表との論争を結びつけてしまうところ（笑）。
本橋　あれはね、柔らかい性をテーマにし続けると新鮮さがなくなるから、間に固い政治ネタをはさむ。あんこの甘さを引き立たせるために塩を少量入れることと同じです。性を語る際に思考停止に陥ってしまう左翼と、民族問題を持ち出すと思考停止になってしまうネトウヨの脆弱《ぜいじゃく》さをこの本に塗り込んだつもりです。
杉山　ところで韓デリですが……調べたんですよ。二〇一四年九月現在のデータですが、日本全国に韓デリはおよそ七百十三軒あるんです。そのうち東京に百三十八軒、鶯谷には百四軒。東京にある韓デリのほとんどが鶯谷にある。
本橋・藪下　よく調べたなあ。
杉山　けっこう大変でした（笑）。一人の経営者が店名を変えて二、三軒持っているので、実際はもっと少なくなるんでしょうけど。
本橋　日本最大のコリアンタウンと言われる大久保（新宿区）周辺にこそ韓デリがもっとあってもいいのに、実はほとんど無いというのも奇妙な話であって。
藪下　大久保は韓国人が多いから、デリヘルの仕事が祖国にバレてしまう可能性がある。やっぱりバレたくないんでしょうね。

本橋　そうでしょう。鶯谷だからこそ、安心して韓デリで仕事ができる。韓デリの子たちは、たいてい鶯谷周辺の寮で暮らしていますね。私の知る理容室のマスターが韓国クラブによく行くんだけど、韓国人ホステスも鶯谷のお隣・日暮里に住まいがあると言ってました。やっぱり儒教の国ということもあって、韓国は水商売や風俗業界に対する偏見が日本よりはるかに強いから、どうしてもそういう仕事を日本でしていることを知られたくないんでしょう。鶯谷は陸の孤島的な存在だから働きやすい。

交通の便がさほどよくなくて、新宿・池袋・渋谷といった三大ターミナルから離れていることが鶯谷の存在意義ですね。ここならまず知り合いにばったり、ということは回避できる。

藪下　そうですよ。風俗に行く途中で知り合いにばったり、なんて恥ずかしいじゃないですか（笑）。ばったりと言えば、昔テレクラ全盛期のころ、池袋のテレクラにかけてみたら五十代の自称・元タクシー運転手のおばさんに当たりましてね、会ったんですね。ホテル行ってやることやって一万円の約束だったんですが、私、お金が足りなくて八千円にまけてもらったんです。そしたら二ヵ月後、歌舞伎町であの元タクシー運転手のおばさんが中年男とホテルから出てくるところにばったり！　ですよ。私のほうが気まずかったけど、「あのときお金足りなくてすみません」と二千円を渡しました。

本橋　また律儀《りちぎ》な（笑）。

藪下　おばさんもびっくりしながら受け取ってくれました。その間、おばさんと一緒にいた中年男はホテルの壁に向かって立ちションしてました。

本橋　なんだかなあ（笑）。

杉山　僕も痛い目に遭《あ》ったことありますよ。童貞だった二十歳のとき、どうしても風俗というものを体験してみたくて上京して池袋を歩いていたら「三千八百円ポッキリ」ってピンク看板を発見したんですね。地下にあるその店に入ったら、受付の男にカーテンで仕切られた真っ暗闇の部屋に案内されて、「服をぜんぶ脱いで全裸になってお待ちください」って言われた。間もなくやたら化粧の濃い六十代くらいのおばさんがやってきて、ＡＢＣとランクのついたメニュー表を見せるんですよ。Ａは手コキで二万、Ｂは素股で三万、Ｃは「五万円ですっごくいいことしちゃいま〜す♡」って。財布には一万六千円しかなかったから、千円だけ残して財布の中身全部取られました。それでおばさんがゴム手袋はめてシコシコやりだして、不機嫌そうに「まだイカないの？」って。

本橋　せめてゴム手袋はずしてやってもらわないとなあ（笑）。みんな、痛い目には遭ってるわけですね。

杉山　それに比べたら韓デリの質とサービスは格別ですね。

藪下　たしかに。

本橋　ところで、韓デリのユナですが。

藪下　ああ！　あれからどうしました？　ハニートラップに引っかかりましたか？

本橋　引っかからないって（笑）。ユナはもともと一ヵ月間韓デリやってソウルに帰ると言っていたけど、あの後、日本語学校に入学することになったんです。正式な留学生になると長く滞在できるから、というのもあるんでしょうけど。

藪下　それでお付き合いは？

本橋　教えてくれた携帯でときどき連絡とってたんですけど、つい三ヵ月ほど空《あ》いてしまってかけてみたら、「おかけになった電話番号は現在使われておりません」のメッセージが流れてきました。

藪下　そうですか。

本橋　出会いがあれば別れがある。

藪下　そうですよ。

本橋　悲壮感、無かったけどなあ。私があげた日本の漫画のキャラクターグッズ、喜んで写メ撮って、あちこちの友だちに送っていたけど。

藪下　今回こうやって新たに書き下ろし三十四ページ分が追加されて、とても豪華な文庫に仕上がりますよ。

本橋　単行本のときはありきたりの観光ガイドっぽくならないように、潜入取材に重点を置いてきたので、締め切りの都合もあったりして、鶯谷発の声を収録するのが少なかったけど、今回文庫化するにあたって、鶯谷で生まれ育った二代林家三平師匠と海老名香葉子さんが登場したことは僥倖《ぎょうこう》でした。話を聞いていると、江戸の情緒をいまに残した下町の空気を記憶しておられるので、感動しました。

藪下　それでですね……。実は増補分の三十四ページ分の締め切りが今週日曜日なんです。

杉山　それ過ぎると、発売日に出なくなって、今度こそ藪下さんの首が飛ぶ可能性ありますね。

本橋　あと二日しかない……。

二〇一五年一月二十日　　本橋信宏

★参考資料★
『子規句集』正岡子規・高浜虚子選　岩波文庫
『仰臥漫録』正岡子規　岩波文庫
『墨汁一滴』正岡子規　岩波文庫
『病牀六尺』正岡子規　岩波文庫
『飯待つ間』正岡子規・阿部昭編　岩波文庫
『松蘿玉液』正岡子規　岩波文庫
『明治のおもかげ』鶯亭金升　岩波文庫
『大正・吉原私記』波木井皓三　青蛙房
『陰獣』江戸川乱歩　春陽文庫
『陰陽道の本』学研
『天台密教の本』学研
『デジタル鳥瞰　江戸の崖　東京の崖』芳賀ひらく　講談社
『古地図で読み解く　江戸東京地形の謎』芳賀ひらく　二見書房
『「水」が教えてくれる東京の微地形散歩』内田宗治　実業之日本社
『凹凸を楽しむ東京「スリバチ」地形散歩2』皆川典久　洋泉社
『特選小説』二〇〇九年四月号　綜合図書
『一私小説書きの日乗』西村賢太　文藝春秋
『破天荒伝　ある叛乱世代の遍歴』荒岱介　太田出版
『40年目の真実　日石・土田爆弾事件』中島修　創出版
『<風俗>体験ルポ　やってみたら、こうだった』本橋信宏　宝島SUGOI文庫
『やってみたら、こうだった<人妻風俗>編』本橋信宏　宝島SUGOI文庫
『悪人志願』本橋信宏　メディアワークス
『経済系 関東学院大学第229集／東京低地西部の地形・地盤と地震被害』松田磐余

「笹乃雪」ホームページ　http://www.sasanoyuki.com/
「羽二重団子」ホームページ　http://www.habutae.jp/
東叡山寛永寺公式ホームページ　http://kaneiji.jp/
入谷朝顔まつり公式ホームページ　http://www.kimcom.jp/asagao/rekisi.php

宝島
SUGOI
文庫

東京最後の異界　鶯谷
(とうきょうさいごのいかい　うぐいすだに)

2015年2月19日　第1刷発行

著　者　本橋信宏
発行人　蓮見清一
発行所　株式会社 宝島社
〒102-8388　東京都千代田区一番町25番地
電話：営業 03(3234)4621／編集 03(3239)0069
http://tkj.jp
振替：00170-1-170829（株）宝島社
印刷・製本　中央精版印刷株式会社

本書の無断転載・複製を禁じます。
乱丁・落丁本はお取り替えいたします。
©Nobuhiro Motohashi 2015 Printed in Japan
First published 2013 by Takarajimasha, Inc.
ISBN978-4-8002-3718-7
JASRAC 出 1500528-501

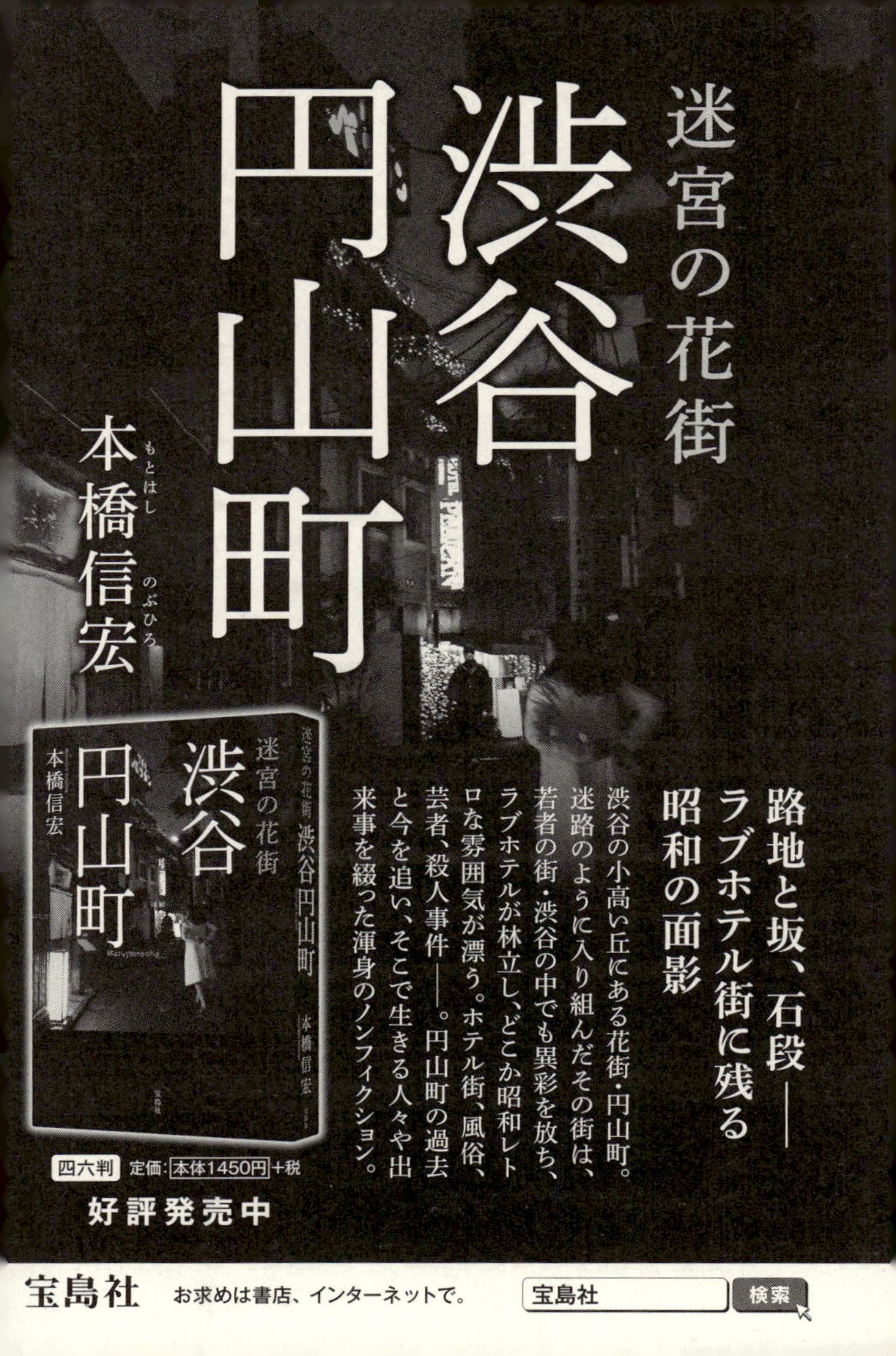

迷宮の花街
渋谷円山町
本橋《もとはし》信宏《のぶひろ》
路地と坂、石段——
ラブホテル街に残る
昭和の面影
渋谷の小高い丘にある花街・円山町。迷路のように入り組んだその街は、若者の街・渋谷の中でも異彩を放ち、ラブホテルが林立し、どこか昭和レトロな雰囲気が漂う。ホテル街、風俗、芸者、殺人事件——。円山町の過去と今を追い、そこで生きる人々や出来事を綴った渾身のノンフィクション。
四六判 定価：本体1450円＋税
好評発売中
宝島社
お求めは書店、インターネットで。
宝島社
検索